作者简介

王利琳 博士、教授。杭州师范学院生物教育专业本科毕业留校工作。先后在杭州大学、浙江大学取得植物学硕士、遗传学博士学位。历任杭州师范大学生命与环境科学学院院长，杭州师范大学教务处处长、副校长、党委副书记等职务。

主要从事植物发育生物学方面的教学科研和高等教育教学管理工作。近年来主持承担国家自然科学基金、浙江省自然科学基金和浙江省科技厅计划项目6项，发表核心期刊论文90余篇，其中SCI收录论文10余篇。获浙江省高等教育教学成果奖一等奖2项、二等奖1项、浙江省高等学校优秀科研成果二等奖1项、浙江省学术奖1项，出版专著、编著2部。

兼任中国高等教育学会大学素质教育研究分会副理事长、校际合作研究分会副理事长，教育部高等学校生物科学类专业教学指导委员会委员，浙江省高等学校生物科学、生物技术、生物工程类专业教学指导委员会主任，浙江省植物生理与植物分子生物学学会副理事长等学术职务。

杭州师范大学人文振兴项目——新形势下辅导员专业化职业化发展助推计划经费资助

品牌领航

高校校园文化品牌建设理论与实践

王利琳 ◎ 主编

中国书籍出版社
China Book Press

图书在版编目（CIP）数据

品牌领航/王利琳主编 . —北京：中国书籍出版社，
2016.12
ISBN 978－7－5068－5747－5

Ⅰ.①品… Ⅱ.①王… Ⅲ.①师范大学—校园文化—建设—研究—杭州 Ⅳ.①G657

中国版本图书馆 CIP 数据核字（2016）第 280478 号

品牌领航

王利琳　主编

责任编辑	李雯璐
责任印制	孙马飞　马　芝
封面设计	中联华文
出版发行	中国书籍出版社
地　　址	北京市丰台区三路居路 97 号（邮编：100073）
电　　话	（010）52257143（总编室）　（010）52257153（发行部）
电子邮箱	chinabp@vip.sina.com
经　　销	全国新华书店
印　　刷	北京天正元印务有限公司
开　　本	710 毫米×1000 毫米　1/16
字　　数	245 千字
印　　张	15.5
版　　次	2017 年 1 月第 1 版　2017 年 1 月第 1 次印刷
书　　号	ISBN 978－7－5068－5747－5
定　　价	68.00 元

版权所有　翻印必究

编委会

主　编： 王利琳

副主编： 何　军　沈　威

编　委： 倪洪江　高　飞　陈　岑　何立芳　曹丹丹
　　　　　陈　勋　生建君　王　倩　董　铮　陈　冰
　　　　　胡　俊　王兴龙　王　鑫　常　洋　余慧菊
　　　　　钱　珊　龙　芳　白　芸　陈　好　张敬礼
　　　　　张　凯　李庆龙　曹永勇　王洪涛　齐　姗
　　　　　丁　放　袁智杰　朱立峰　方钟超　刘志敏

序

2015年国务院印发《统筹推进世界一流大学和一流学科建设总体方案》，2016年政府工作报告将建设一流大学和一流学科列为我国"十三五"期间高等教育建设的重点工程，我国高等教育进入内涵提升、加快发展的历史转折期。建设一流大学、一流学科，既要有一流的"大师""大楼"，还要有一流的校园文化。

高校校园文化是人类社会长期发展积累的优秀文化缩影，传统文化在这里传承与嬗变，外来文化在这里淬炼和同化，社会主流文化在这里创新和超越。高校校园文化作为社会主义先进文化的重要组成部分，高等教育机制有效运作的无物之阵和思想政治工作的路径载体，对于全面贯彻落实党的教育方针政策，推动一流大学和一流学科建设，进一步加强和改进大学生思想政治教育，营造良好的育人环境和学术氛围，全面提高大学生综合素质，健全发展型学生工作体系，都具有十分重要的意义。

品牌是大学的名片，是实力的标志。建设一流的大学，就必须注重校园文化品牌培育，打造自己专有的无可替代的校园文化项目。校园文化品牌的创建与培育则是凸显校园文化特色、推进校园文化发展的必由之路，是高校发展中最值得珍视的宝贵精神财富。

杭州师范大学秉持"人文学堂，艺术校园"的办学特色，一直以来高度重视校园文化品牌的培育，根据自己的文化积淀、学科优势和办学特点，激发校院两级共青团组织的活力和创造力，弘扬传统文化，发掘办学亮点，培育文化特色，形成独特的文化制高点，进一步增强校园文化的品位和魅力。从2009年开始，校团委联合党委宣传部、学工部等部门深入开展"一院一品"校园文化品牌项目评选和培育工作，每二年评选一次，目前已有4届。通过有意识的品牌经营，涌现出一批特色鲜明、影响广泛的优秀校园文化项目。其中，"校园戏剧""六艺节""武状元"、闻音合唱团等项目和团队近年来分别荣获国家级奖项，"百篇必读书目工程""一人一赛""医路人生"等项目成为学校学风建设的有效载体，"青春健康""阳关家教""银辉工程""益呼百应"等项目以其专业服务、精准帮扶，赢得了在校师生和社会群体的广泛好评，"外语村""彩虹课堂"、子渊人才学院、国旗护卫队等空间阵地和组织阵地，成为青年学生健康成长的乐园和成才实践的舞台。

本书是近年来杭州师范大学评选培育的40余项优秀校园文化品牌成果的汇编，也是我校在校园文化建设进程中一系列探索、实践的回顾和总结，期望增进与兄弟院校和同行的交流互鉴，同时敬呈社会各界同仁批评指正，共同繁荣校园文化，更好培养高素质人才。

杭州师范大学党委副书记　王利琳　教授
二〇一六年十月

目 录
CONTENTS

主题教育篇 ·· 1

活力青春　健康校园
　　——政治与社会学院"青春健康"教育项目　3

于师礼始铸师魂
　　——教育学院"师礼新生学堂"主题教育项目　7

"益呼百应"校园公益在行动
　　——钱江学院"益呼百应"校园公益实践项目　11

走进后勤　为服务者服务
　　——校大学生与后勤职工和谐校园共建主题活动　16

加强人口文化进校园工作　推进大学生身心全面和谐发展
　　——校"人口文化进校园"主题教育项目　21

寓教于乐　润物无声
　　——新媒体环境下大学生动漫式思想政治教育项目　27

发挥朋辈模范示范作用　打造"伙伴式"育人平台
　　——经济与管理学院"朋辈讲堂"项目　31

出彩理学人　沸腾正能量
　　——理学院先进典型培育工程　36

深入开展同伴教育　加强自我教育功能
　　——大学生德育同伴教育项目　40

文艺特色篇 …… 47

以舞台延续课堂 用戏剧拓展教育
——人文学院"校园戏剧"文化项目 49

承传统文化十载熏陶 强五万学子"六艺"技能
——教育学院"六艺节"文化项目 59

传播中华武术传统文化 孕育扬文举术体育新人
——体育与健康学院"武状元"大赛 62

闻弦歌而知雅意 承慧心以弘师道
——校大学生闻音合唱团建设 68

"I Debate"打造尚思善辩的论辩文化
——沈钧儒法学院特色辩论文化项目 71

学风建设篇 …… 75

回归元典 书香育人
——人文学院"百篇必读书目工程" 77

采泽地之灵气臻书院之风华
——人文学院"未来好老师"培育工程 84

搭建人人参与学科竞赛平台 创新荣誉学院人才培养模式
——经亨颐学院"一人一赛"学术竞赛节 91

树立远大医学理想 弘扬高尚医德医风
——医学院"医路人生"项目 95

"爱·阅"经典 弘扬传统文化
——政治与社会学院大学生学风素养提升工程 102

实践育人篇 …… 107

播撒一片阳光 温暖一张书桌
——人文学院"阳光家教"志愿服务项目 109

创新载体　引领青年　提升服务青年水平
　　——杭州国际服务工程学院"校园114"服务平台建设　112

专业实践　服务社会
　　——医学院"老年护理银辉工程"　119

系健康重任　为生命驻足
　　——医学院学生医疗咨询服务队建设　124

坚持以人为本　注重美育培养
　　——美术学院大学生美育服务"三六五"计划　128

小画笔舞动大乡村
　　——美术学院美丽乡村墙绘艺术实践项目　134

用艺术点亮星星的孩子
　　——文化创意学院自闭症儿童帮扶行动项目　138

绿色长征　星火燎原
　　——生命与环境科学学院绿色环保教育实践项目　141

小V站·译起来
　　——外国语学院大学生涉外志愿服务项目　147

学思结合　行知合一
　　——教育学院EAP公交司机心理援助项目　151

知恩反哺　公益青春
　　——理学院团员青年"16小时服务社会"实践育人项目　155

创新创业篇 ·· **159**

创业加油站　为梦想助航
　　——阿里巴巴商学院"创业加油站"项目　161

以创新驱动成长　以创业铸就梦想
　　——杭州国际服务工程学院大学生创新创业基地建设　166

发挥高校文明高地　打造诚信网络空间
　　——阿里巴巴商学院"网络诚信空间"项目　172

课堂的延续　创新的舞台
　　——理学院电子DIY协会建设　176

以科研助理工程为抓手　构建科研育人新模式
　　——材料与化学化工学院大学生科技创新基地建设　180

阵地引领篇 …………………………………………………… 187

同在外语村　提升你我他　打造伙伴式共青团工作新阵地
　　——外国语学院"外语村"项目　189

品生活　问艺术　知彩虹
　　——美术学院"彩虹课堂"项目　194

交流　沟通　分享　启迪
　　——校图书馆"真人图书馆"项目　202

打造青马工程阵地　培育北辰计划精英
　　——校学生会"北辰计划"学生精英干部培训项目　206

为青年　再向前
　　——沈钧儒法学院青年学生领导力发展计划　209

健全12346机制　培育新时期青年马克思主义者
　　——校子渊人才学院建设项目　215

打造网络平台　转变工作机制　强化思想引领　增强服务粘性
　　——"团学工作网络新媒体战略转型"创新项目　221

弘扬爱国精神　争做青年先锋
　　——校国旗护卫队建设　226

让外来务工青年不再成为外人
　　——后勤服务集团职工书屋建设　231

01

主题教育篇

活力青春 健康校园

——政治与社会学院"青春健康"教育项目

一、项目背景及内涵

青年是祖国的未来、民族的希望。大学生身心健康发展是实现中国梦的前提。受自身知识储备、人生阅历、世界观、价值观等各方面因素的影响，大学生对于一些事物的辨别能力还较为薄弱，求新、求异的群体特征比较明显。近年来，随着移动互联网技术的快速普及，大学生对于婚前性行为的态度越来越开放，校园中意外怀孕、非意愿妊娠、艾滋病感染的事例也愈加频发，严重危及学生个体。因此迫切需要高校开展针对性的生殖健康教育，促进在校学生健康生殖观念的养成，维护校园生活的安全稳定。

"活力青春，健康校园"是由政治与社会学院倡议发起，并获美国适宜卫生技术组织、中国计划生育协会重点扶持的生殖健康公益志愿服务品牌。该项目以在校大学生为服务对象；以普及生殖健康知识、培养大学生生殖健康观念养成、预防和减少校园中意外怀孕、非意愿妊娠和感染艾滋病发生概率为主旨。通过该项目，学生可以获得更多的生殖健康知识，养成良好的生殖健康观念，同时也有利于在全校范围内形成一种"人人关心健康"的良好氛围。

自 2002 年项目开展以来，该项目已荣获"全国青春健康项目优秀组织奖""突出奉献奖""全国暑期社会实践优秀团队"、浙江省优秀志愿服务品牌等多个奖项；青年时报、浙江日报、浙江在线等媒体也对项目的建设情况予以了报道；中国计生协会副会长杨玉学、浙江省政协原副主席盛昌黎、浙江省计划生育协会常务副会长陶竞、杭州市人大常委会副主任徐苏宾等领导也对该项目予以充分肯定。其中参与的多名志愿者入选全国优秀青春健康志愿者；6名志愿者被选赴泰国、马来西亚、澳大利亚等国家开展项目交流，项目建设成绩斐然。

二、项目举措

就具体举措而言，该项目主要是通过"机制、载体、模式"三个方面的探索来深化项目建设的公益性、创新性与可持续性。

（一）创新项目运作机制，优化项目建设内涵

（1）开辟路子，搭建三级联动的项目运作机制。积极构建"市—区—校"三级联动的校园青春健康公益合作机制。加强与杭州市计生协会、各区县计生协会和在杭高校之间的合作，争取更多项目支持。借鉴公益项目运作模式，协助省市计生协会成立市级"高校青春健康公益团体""区级青春健康公益小组"和"各个高校青春健康志愿者社团"，将学校生殖健康工作纳入省市整体规划，依靠外力，助推项目发展。

（2）选好苗子，构建阶梯式人才队伍培养机制。摸索建立"普通学生—志愿者—项目核心成员"的渐进式公益人才培养机制。依托校园青春健康公益主题宣传、沙龙、同伴培训等，面向在校学生招募项目公益志愿者，完善公益志愿者选拔、培养、考核机制，选拔优秀青春健康志愿者，担任项目核心组成员，着力培养一支精英化的志愿者队伍。

（3）搭建台子，完善五位一体的公益宣传机制。整合资源，借助青春健康大讲堂、青春健康公益晚会、青春健康公益志愿服务和微博、微信、网站等各种方式开展校园青春健康公益宣传，着力构建一个集"宣传、活动、服务、培训、课程"为一体的校园青春健康公益宣传机制，扩大项目在校内外的影响。

（二）注重项目载体创新，扩大项目示范影响

（1）基地化建设。将基地作为推进项目的有效载体，按照项目建设要求，成立"青春驿站"和校园青春健康教育示范基地。从人员、场地、技术、资金、制度等全方位保障基地建设。将基地打造成为推进校园青春健康教育的重要载体，延伸校园青春健康的工作触角。同时，还在校外建立多个项目实践基地。

（2）社团化运作。以校五星级社团"校青春健康志愿者协会"为依托，借助PLA同伴教育工作方式，开展海报设计大赛、文艺晚会、万人签名与主持人

培训，调动学生参与热情，传递正确的生殖健康观念，同时也做好社团内部建设，制定并颁布社团章程，完善社团运作方式。

（3）网络化推进。借鉴"互联网+"最新成果，创建"青春秘语"手机APP，借助于动漫、诗歌、软文等方式，定期向在校大学生宣传青春健康知识，积极构建便携式、参与式、分享式青春健康工作格局，最大限度地满足在校大学生求新、求异的内在需求。

（4）专业化发展。将项目建设与学生专业素养提升紧密结合。组建以社会工作为专业背景的师资团队，借助社会工作的专业方式，开展项目活动，使学生在开展项目实践过程中，加深并提高对本专业知识的领悟与实践能力，真正实现专业建设与个体发展相衔接的目标。

（三）开启项目共建模式，助推项目持续发力

（1）媒体共建。加快微博、微信、视频、网站等媒体建设；加强与华语之声、浙江在线、杭州日报等省市媒体合作；围绕校园艾滋病预防、女生节组织策划了一系列精品活动，以项目活动吸引媒体关注，以媒体报道扩大项目影响，构建"媒体—项目"良性互动模式。

（2）项目共建。深化与浙江大学、浙江工业大学、浙江中医药大学等项目高校的校际合作；拓展与中国青年网络、中国计生协会等高层的合作；加强与杭州市计生协、浙江省计生协的校地合作。联合浙江省计生协会开展全省部分高校青春健康同伴教育师资培训；协助杭州市计生协会开展高校青春健康示范点建设；联合浙江大学等部分高校开展全省"青春健康精品社团项目申报"；通过项目合作，形成多方位的合作共建模式。

（3）实践共建。强化实践育人，开展形式多样的青春健康主题活动与社会实践。通过举办校园青春健康主题活动、青春健康培训营、青春健康进社区、进工地、进农村等专项社会实践，在活动与实践中普及青春健康知识，提高项目参与者的性安全、性保护、性健康意识。

三、项目成效

（1）品牌建设熠熠生辉。"青春健康"大学生生殖健康志愿服务项目建设至今已突破校院两级层面，成为一个在全市乃至全省都具有广泛影响力的志愿

服务品牌。尤其是青春健康大讲堂、青春健康德育同伴等精品活动，已在校园内外形成了良好反响，并荣获众多奖项。

（2）社会影响与日俱增。截至目前，"青春健康"大学生生殖健康志愿服务项目已累计开展各类高校青春健康志愿服务宣传上百场次，开展生殖健康个案辅助上百余例，覆盖学生上万余人。此外，"中计协""中青网"领导也多次莅临杭州师范大学，对该项目建设成效予以肯定；浙江日报、浙江在线、华语之声、杭州电视台等多家媒体对该项目的建设进行了相关报道；省内外多家高校还前来杭州师范大学参观学习。2015年12月，"青春健康"志愿服务项目更是作为杭州市高校青春健康优秀示范项目在全省青春健康会议上进行了交流，得到了浙江省计生协会领导的高度评价。

（3）人才培养硕果累累。自项目开展以来，"青春健康"大学生生殖健康志愿服务项目已培养各类志愿者1000余名；有6名志愿者被推荐赴联合国进行青春健康短期项目交流；1名志愿者入选为"中国青年网络"核心志愿者，2名志愿者荣获全国青春健康优秀志愿者称号；另有1名志愿者当选为浙江省青春健康协会理事（全省唯一一名在校大学生）；近10名志愿者通过了"杭州市高校青春健康师资"认定，项目志愿者的"专业技能""健康知识""道德素养"都得到了显著提升。

（4）课程建设成效显著。目前，"青春健康"大学生生殖健康志愿服务项目，已建有校内外青春健康课程教学基地3个，开设有"恋爱与婚姻""人际关系""青春期保健""生殖与避孕""预防艾滋病""性与性行为""规划未来""远离毒品"八个专题的青春健康课程。《青春健康课程》更是被列入了校辅导员始业教育精品课程与杭州市计生协会高校青春健康优质课程。

（该项目荣获2015年全国大学生暑期"三下乡"社会实践活动优秀团队称号；2016年荣获"浙江省青春健康教育高校示范基地"称号）

于师礼始铸师魂

——教育学院"师礼新生学堂"主题教育项目

我喜欢这种悄悄的浸润式的学习。刚进大学,我们都不知道以后的日子是什么样子的,问老师,问学长,答案太多,选择太难。而在学堂的学习,正好让我们迷茫的日子变得充实,潜移默化中,我知道了以后的日子要怎么过,我想要什么,我怎么样可以做得到。

——小教 141 茹姿韵

大学,是大部分孩子独立生活的起点。入学教育开展的成效关系到刚走入大学的大学生们能否更好地适应大学生活,开启一个全新的大学阶段。教育学院是一个以培养"卓越教师"为目标的学院,涵盖小学教育、学前教育、艺术教育、特殊教育、应用心理、教育技术等几个专业,学生全部为师范类招生,就业方向也以师范类为主。对今后走上讲台的师范生而言,始业教育不仅是适应大学生活的重要环节,更是加深认识教师这份职业、塑造高尚师德的主要手段。因此,教育学院集全院之力从 2013 年 9 月开始开设"师礼新生学堂"——新生始业教育项目,使"礼"成为一盏明灯,照亮学员前行的方向,在学员心中种下一颗"师魂"的种子,帮助学员实现从高中生向大学生的转变,并种下师范生认知的种子,从思想上更新观念,从行为上认识大学,融入并适应新的环境,学会学习、学会生活、学会思考,从而准确定位自我,实现人生新的飞跃。

截至 2015 年 12 月,"师礼新生学堂"已经开展了 3 期,共有 1500 余名学生受益并结业。每一年"师礼新生学堂"为师范生提供了良好的师礼教育,并为学生师德、师能、师艺的培养打下了良好的基础。

一、脱胎于礼，立足于育，为师范生照亮前行的方向

礼在中国古代用于定亲疏、决嫌疑、别同异、明是非，《论语》曰："不学礼，无以立。"正如"礼"对中华文化深远的影响，教育学院经过百年的传承，一直传承百年"尊师爱生"的传统，也早已将"师礼"融入学生日常培养的各个方面，我们在培养学生健全人格的基础上，注重学生教师身份养成和艺术素养培育，特别是在教师身份养成上教育学院尤为重视学生"师礼"的形成。"师礼"不仅指为人师长所应具备的礼仪，还包括教师在从事教育活动中必须遵守的道德规范、行为准则和情操品质。

通过为期一学年的学习，加深学生对教师发自内心的尊重、感恩和仁爱等"师礼"文化相关外在表现的深刻认识，从而唤起学生内心深处对于教师这份职业的热爱和认可度。通过"师礼新生学堂"的学习，让学礼、知礼、明礼贯穿师范生进入大学的适应期，使一代又一代的学子将"知书达理"薪火相传，成为一位"明礼仪以化之"的教师，将职业规划融入始业教育，告别迷茫，明晰方向。

二、专业为石，专注为基，为师范生配备成长的导航

正所谓"专业的人做专业的事"，师资力量是否雄厚决定了教育实施的程度。为了确保"师礼学堂"的顺利运作和各项教学内容的有序开展，学院成立了一支由党委副书记领导，班主任协助，团委、学工办共同开展工作的管理小组。负责学堂各项教学和活动的策划和开展，参与课程体系的建设，确立联席会议制度，每周定期召开联席会议，做好每周学堂教学活动开展情况的总结，通过和专家学者队伍的讨论具体规划各周教学活动的开展。同时有效利用学院现有的卓越师资，根据学堂的授课内容邀请了小学教育专业领域和学前教育专业领域的专家及硕士生导师担任讲师团的负责人，还聘任了师德师风高、教学水平出众的教授担任学堂各班班主任，组织学员参加"师礼学堂"的各项活动，关注掌握他们的学习需求并根据班级特色开发"师礼学堂"特色课程和实践活动。截至2015年12月，学堂教师团队伍共有30名，其中具有高级职称6人，具有博士学位7人。另外,学堂重视大学生之间朋辈式的教育影响,从年级较高的学生中选拔了各专业品学兼优的学长60余名,帮助学员了解"师礼学堂"的性质、学习内容和特色"师"文化,为学员们提供全方位的帮助和引导。

为保障教学目标的实现,我们还不断完善学堂教学评价体系和保障体系。坚持科学性与可操作性相结合,学生评估、教师自评等方式相结合,课程教学质量评估与教学质量优秀奖评定相结合为评价原则,编制了《"师礼新生学堂"教学工作满意度调查表》,并由新生在"师礼新生学堂"课程结束前填写,以此评测教学质量。并且为了切实保证"师礼新生学堂"的学习成效、激励学生积极参与,学院将学堂的模块学习量化,使得考核内容具体化。如在"阅读马拉松计划"中,要求同学在一年内读完42195页书(马拉松赛全程42.195千米)并撰写读后感,就可被认定为"跑完全程"。成功完成一个"马拉松里程"的同学,就可以获得由学院颁发的"师礼新生学堂阅读马拉松计划全程认证书"。同时将"师礼新生学堂"的学分认定纳入到《教育学院创新创业Ⅱ学分管理办法》中。特规定:完成《教育学院新生始业教育计划》规定内容(六大专题)的学习任务的,可认定为1学分。

同时,围绕培养目标,依据各主要教学环节质量标准,我们还建立了"师礼新生学堂"教学质量保障体系。主要包括三个系统,即管理决策系统、教学目标系统、教学质量支持系统。每个系统包含若干个功能模块,各系统相互关联,构成一个完整的闭环体系。

专业和专注使学堂在开展的各项教学活动收获了学员的喜爱。根据学堂开课两个月后的回访调查,学员对学堂授课内容的满意度持续上升,使同学对于大学、专业都有了较深的认识,专业认可度和归属感都大幅度上升。

三、模块为枝,平台为叶,为师范生打造成才的养料

教育被称为"树人"工程,在以培养"卓越教师"为己任的教育学院,为师范生们提供针对性强、营养丰富的养料当属第一任。当代高等教育的学生工作理念更注重服务同学、关爱学生,90后的大学生个体特征极其复杂,统合式、单一式的始业教育方式面临着严峻的挑战。

为了使刚刚入校的师范生有实实在在的收获,教育学院在优化师资的基础

上，将学堂课程进行模块化整合，将学院沉淀百年的历史科学的现代化教学理念相结合，让学院独特的"师"文化通过一届又一届的学员实现传承。

师礼学堂目前有六大教学模块，即"明史"——认识百年杭师，百年教育学院；"敏学"——认识大学，认识大学学习；"明法"——学习校纪校规，加强安全教育；"致远"——认识所学专业，学会职业生涯规划；"净心"——认识自我，学会适应；"学礼"——塑造健全人格。

在这六大模块之下，我们打造了一系列针对性、实效性、操作性三位一体的四大平台，即"求学明道"学风建设平台，通过名师讲坛、演讲比赛、主题班会、学长论坛等使学员认识大学的学习，了解自己，了解自己的专业进而提升专业素养；"厚德端行"文明修身平台，内容涵盖基础文明教育、课堂文明教育、宿舍文明教育、就餐文明教育、阅读文明教育、活动文明教育、遵纪守法教育、公民道德教育、爱国爱校意识教育、感恩教育，使学员尽快成为一名知礼、守礼的大学生；"知书达理"素养提升平台，通过阅读马拉松计划、"教育梦想家"主题电影展演计划等使学员在读字和读图的过程中创新思维，乐享生活。目前，我院"师礼学堂"学员收到推荐书目百余本，观看优秀的教育电影十余部。参加阅读马拉松计划的学员占到学院学生的87%。"勤学精艺"技能提升平台，与我院团学工作品牌项目相结合，如六艺节、六心志愿者项目、师范生技能大赛、机器人大赛等提升学员的专业技能，提升他们的核心竞争力，为个人成长成才和就业夯实基础。

仅2015年，教育学院共组织主题讲座12次、沙龙活动7次、各类宣讲会3次。每一届新生讲座、沙龙的参与率都高达90%以上，其中一些和新生学习、生活密切联系的政策宣讲会参与率更是达到了100%。

我们相信，在"师礼学堂"的推动下，学礼、知礼、明礼最终"明礼仪以化之"，使教育学院一代又一代的学子将"知书达理"的"师礼"文化薪火相传，使教育学院大学生将卓越教师的道德品质、职业情操进一步内化，走出属于自己的成长之路。

"益呼百应"校园公益在行动

——钱江学院"益呼百应"校园公益实践项目

近年来,随着我国经济社会的快速发展,我国的公益事业也得到了长足发展,在和谐社会建设中起到了重要的作用。钱江学院团委坚持把竭诚服务青年作为团的一切工作的出发点和落脚点。在服务青年领域和手段中,青年的公益行为和受益范畴已逐渐扩大。发展社会公益事业已成为服务青年工作的重要领域和手段,逐渐成了共青团组织引导青年深度参与社会服务的广阔舞台。

一、项目基本概况

一个和谐的、可持续发展的社会,应当是负责任的社会,应该是诚信友爱、互帮互助、公益精神充分张扬的社会。随着近年来社会公益氛围越发浓厚,越来越多学生关注公益事业。广大共青团员已经成为践行公益的生力军,对公益事业发展有着不可忽视的影响;与此同时,公益服务也是培养大学生责任感的最现实和最有效的途径,更是进一步加强和改进大学生思想政治工作的新载体和新方式。

中华民族自古以来有着悠久的公益(或慈善)的文化和渊源。如儒家讲的"仁爱",佛家讲的"慈悲",道家讲的"积德",墨家讲的"兼爱""周穷救急"等,分别体现了"爱人""民本""大同"等思想,为中华民族公益思想的形成及公益事业的繁兴奠定了理论基础。改革开放以来特别是新世纪以来,团中央先后成立的中国青年志愿者协会、中国青年企业家协会、中国青少年宫协会等,也是通过协会性组织开展公益性工作。尤其是中国青少年发展基金会、中国光华科技基金会的成立,更是通过直接的公益组织开展大规模的公益行动。

共青团组织通过实施希望工程，已使 300 多万困难学生得到资助，援助兴建了 15000 多所希望小学，在为教育提供帮助的同时，促进了全民重视教育、关心教育风气的形成，倡导了社会和谐及共荣共享。

独立学院的学生家庭条件较为富裕、社会实践活动能力强，另外 90 后的学生也具有了一些特性，如较为自我，比较自私与狭隘等特质都综合性地展示在钱江学院的学生身上。为了能更好地提高学生的社会服务意识、克服三本生中的一些不良习惯与特点，在团员青年中开展公益性的活动，有助于独立学院学生更好地成长成才。钱江学院在跨越式发展的过程中，以《福布斯杂志》封面人物、"风云浙商"马云精神为感召，努力培养有社会责任感的时代青年，并逐步成为共青团工作的主导理念。

二、项目建设的目标与思路

学院团委顺应学院发展实际，努力创新，以促进社会公益事业发展、倡导大学生积极投身社会公益为目的，通过学生喜闻乐见的形式，确立了以"1＋1＋1"的方式推行校园文化的公益品牌项目活动：以"益呼百应"公益义演、公益实践、"爱心壹基金"公益捐助、公益帮扶和"壹圆教师"公益朋辈互助等多种形式的公益类品牌校园文化活动，逐步形成了校园公益奉献的新风尚。

通过该项目的建设实施，我们最终目标是：公众受益、学生受教；服务社会，树立品牌；发展学生，共创一流。

三、项目建设的实施方法与过程

本项目积极整合了学院现有的公益品牌活动，且群众基础扎实，受益面广，社会影响大；项目活动具有鲜明的差异性、互补性，具有钱江学院鲜明的办学特征和方向。

（1）以"益呼百应"为主题的公益义演、实践活动，是为我院艺术类和艺术爱好学生搭建文艺演出、公益项目创意策划比赛与公益梦想传递相结合的自我展示平台，同时结合大学生暑期社会实践、见习开展下乡义演活动。2010 年开展的"益呼百应"杭州师范大学大型公益选秀活动，是将艺术选秀比赛与公益活动合二为一的公益选秀活动，是在钱江学院广大团员青年中开展艺术公益事业的大胆尝试。将公益实践与才艺比赛相结合，不仅考量学生的才艺，更从中考量学生对社会的关注和责任感。此外，公益实践行动是一个决策、实施过程，通过公益活动与公益组织的联合活动，要求学生学会怎样做协调，怎样做辅助工作，怎样说服别人，怎样向他人呈现出很阳光又很训练有素的形象……公益活动项目制度、志愿者组织制度、宣传方面的制度、财务方面的制度，都需要大学生自己动手建立、管理、施行；怎么做设计，怎么做筹款，怎么做项目的审批，怎么来做评估，这些都是大学生取之不尽的财富。

（2）以"爱心壹基金"为主题的公益捐助、公益帮扶，是钱江学院每名团员青年每年每人以"特殊团费"的形式向丽水云和梅源实验学校的结对中学生提供爱心捐助，并每年暑期进行帮扶支教。钱江学院电气机械工程系自2008年起在团员青年中发起了以"每月捐一元钱，资助一个贫困学生"的爱心帮扶活动。两年多来，该系学生一直坚持此项公益工程，在理想、学业、生活等各方面帮助丽水云和县的贫困学生。该系每年暑期组织小分队赴丽水云和县开展支教帮扶。自2009年始，全院团员青年在学院团委的号召下，以"特殊团费"的形式参与到此项爱心工程中去。2010年3月，学院向丽水云和梅源实验学校捐赠了电脑物资，近两年来，钱江学院壹基金爱心工程累计捐款捐物达10万余元。

公益氛围是一个熔炉，它能改变和完善学生的个人情操和综合素质，能够使弱者变得坚强、狭隘者变得宽广、自卑者变得自信。学生在大学时代接触的公益性的工作和理念对于人一生的影响，比一门新的课程、一项新的产业甚至说一种新的文化都要大。

（3）以"壹圆教师"公益朋辈互助，用一元钱的象征性报酬聘请某一专业成绩优秀学生担任教师，特别是英语、数学、体育等，为想学该专业或力求进步的同学、对口社区街道需要辅导的中小学生开班授课。"壹圆教师"育英计划自2009年5月启动以来，受到了广大学生和社会各界的广泛关注。第一期育英计划为英语学习班，在理学系、文学系进行试点，通过聘请专业水准高、业务素质强的10名优秀学生组成"壹圆教师"队伍，对首批38位学员根据英语水平分成四级冲刺班和英语提高班，10位"壹圆教师"分成两组，分别制订教学大纲，按照学生的英语水平授课。每周大班上课一次，由"壹圆教师"分块轮流教学。同时分小班，每个小班3~4位同学，每班由一名"壹圆教师"专门指导，参与该学习计划的学员在短时间内实现了英语水平的较大提升，而小教师们的专业知识与综合能力有了普遍提高，达到了预期的效果。

以学生为主角，让学生帮助学生，激发学生的自信心和实现自我价值的满足感。而我们所取的"一元钱"报酬，对学生来说意味着责任和承诺，但也意味着付出和奉献。小教师们的行动也影响了身边的同学，有更多的团员青年渴望加入到"壹圆教师"的队伍。

"壹圆教师"育英计划实施以来，不仅在校园内引起了强烈的反响，更得到了社会的关注和赞誉。《杭州日报》《钱江晚报》《每日商报》《教育信息报》《金华日报》、新华网浙江频道、杭州网等多家媒体进行了相关的报道和转载。"壹圆教师"的形象受到了广大学生和社会各界的广泛认可。在杭其他高校的学生也通过各种渠道表达了自己的意愿，希望也能成为一名光荣的"壹圆教师"。许多学生家长多次来电、来访，详细询问"壹圆教师"项目的进展情况，希望自己的孩子也能争取到与"壹圆教师"结对的机会。

"壹圆教师"作为共青团工作的创新项目，需要不断地实践和完善。我们在第一期英语学习的基础上，根据同学的需求，又开设了第二期创业小导师。在以后的项目中，我们还计划开设普通话、计算机、会计、数学、英语口语、公文写作等主题项目，同时不断地听取学生的成长需求，开设新的学习内容。真正实现以学生为本，为学生成长成才提供更多的选择与服务。

四、项目建设的保障条件

钱江学院共青团工作在学院党委的坚强领导下，在学校团委的关心指导下，在历届团委的共同努力下，已经具备了一套较为成熟的工作机制体制，为本项目的开展提供了坚强的保障。

在组织机构上，为了确保本项目的顺利开展，这三个项目在院团委的指导下，不同分院为主抓，联合钱江学院其余分院进行。每个项目由分院团总支牵头，设立工作小组（益呼百应、爱心壹基金、壹圆教师）指导学生会共同完成，同时配备相关专业师资，为项目的开展提供智力支持和实践指导。

钱江学院有着较为科学合理的专业设置，办学条件优良、基本设施齐备，与社会各界合作较为广泛。在经费保障上，院团委设立专项立项资金，对项目进行奖励扶持，同时，在指导教师进行项目暑期实践指导时，在课时上给予认定。

在制度建设方面，有《钱江学院教师指导学生第二课堂活动管理办法》等作为支撑，相信在学院上下的共同努力下，一定可以保证该项目的顺利完成。

走进后勤 为服务者服务

——校大学生与后勤职工和谐校园共建主题活动

近年来,学校逐步推进"发展型学生工作体系",旨在全校各级教育者、管理者、服务者要全方位、多层次、立体式地关心青年学生的成长成才,为学生营造良好的育人环境,推动和谐校园建设。而后勤服务育人在高校育人工作中处于重要地位,是高校生态链中的重要一环。学校共青团组织紧紧抓住"服务青年"的职能,进一步发挥自身优势,整合全校资源和力量,于2007年10月正式推行大学生与后勤职工共建共享和谐校园主题活动。

一、背景与思路

构建社会主义和谐社会是我国推进中国特色社会主义伟大事业做出的重要战略措施,和谐校园建设是社会主义和谐社会的重要组成部分。近年来,随着高等教育大众化不断推进,高校后勤改革不断深化,高校中出现了一些不和谐的声音。如食堂菜价问题、大量校外租房现象、校内超市的价格之争,一度引起了政府和全社会的关注。这既有后勤机制体制不到位的客观原因,也有青年学生作为教育消费者意识和维权意识显著增强的主观因素。

在校园生活中,学校后勤职工与青年学生的接触最为紧密,可谓朝夕相处。尽管杭州师大后勤服务的师生满意率在全省乃至全国高校中处于前列,但是两个群体间产生的小摩擦也总是接连不断,如果处置不当,小摩擦就会变成大问题。究其原因,主要有两方面:一方面,学生对后勤服务工作不了解。青年学生"缴费上学"的概念下,强化被服务意识,总以一种消费者的心态挑剔看待后勤服务,没有把自己当成学校的主人翁,对后勤职工的工作缺乏理解、宽容和感恩；另一方面，高校在后勤改革、机制健全、管理完善、队伍建设等方面确实存在一些"成长中的烦恼"，在短时期内无法解决。

杭州师大共青团组织通过校园内各种文化活动为载体，携手学校后勤服务集团共建和谐校园，探索出一条文明共建、和谐发展的有效途径。其中，以"和谐引领、和谐服务、和谐创造"为主题的"走进后勤，为服务者服务"主题活动，既有利于促使青年学生亲身体验后勤职工的工作与生活，理解后勤服务工作的辛勤，学会宽容和感恩，提升自身的思想政治素质和综合能力，又促进了后勤服务部门了解服务对象的需要和意见，提高服务水平和能力，进一步增强后勤职工的服务意识和以学生为本的意识，从而形成两个主体"互动—互惠"的和谐校园文化氛围。

二、实施与保障

（一）健全组织领导体系，拓展学生活动阵地，建立长效运行机制，为主题活动的开展提供了切实保障

（1）健全组织领导体系。校领导对活动给予高度评价，认为"这是共青团有为有位的重要体现"。分管领导亲自参与启动仪式，并在保障活动的顺利开展和取得实效上给予指导。全校形成了校团委与后勤服务集团联动，各学院的团委书记和后勤服务集团各中心紧密合作的主题活动领导小组，具体有效运作各项活动。

（2）拓展学生活动阵地。经过共青团组织与后勤部门的多次协商沟通，后勤服务集团全额出资，提供入驻社团的办公场地和活动阵地，在学生社区建立社区文化广场和公寓活动室，青年学生在社区的活动范围和活动阵地更广，条件更好。同时出台了《学生社团进驻学生公寓实施办法》《学生社区文化广场管理办法》等制度，保障各项工作有序开展。

（3）整合各方资源力量。通过联合学生处、研究生处、工会、后勤服务集团等部门合作，经费、设备、指导力量等方面资源得到有效整合。同时，全校各部门、师生员工关注该主题活动的氛围越来越浓厚。

（二）依托学生组织优势，立足学科专业特点，打造校园文化品牌，进一步增强了主题活动的实效性和持久性

（1）依托学生组织优势。学校各级团组织积极发挥学生组织在主题活动中的优势和作用，强化青年学生"自我教育、自我管理、自我服务"的功能，以各级学生会力量为基础，以学生社团项目化运作为依托，从活动策划、组织、实施、评价、总结，都由各级学生组织自己运作，不断增强了学生组织和学生干部的能力和素质。

（2）立足学科专业特点。各学院团学组织借助自身学科专业特点和优势，创造性地开展一系列丰富多彩、深受后勤职工欢迎的活动。医学院开展"我为后勤做足疗"，免费为后勤职工洗脚足疗；"我为后勤做体检"，免费为后勤职工体检咨询。教育学院开展"我做后勤子女小老师"，免费为后勤子女辅导功课。美术学院等也依托专业优势，开展"我为后勤员工送春联、送书画""我为后勤员工唱支歌"等活动。青年学生的专业技能得到显著增强，后勤职工也在辛劳之余，得到青年学生的真心服务和实惠。

（3）打造校园文化品牌。通过主题活动LOGO设计大赛设计，活动名称包装、媒体策划宣传等举措，"走进后勤，为服务者服务"项目已经成为全校乃至全省高校校园文化的一个响亮品牌，得到了教育主管部门和社会的广泛好评。

（三）整合全校各方资源，精心设计有效载体，完善组织实施方案，为主题活动的覆盖面广、参与性强、关注度高奠定了基础

"走进后勤，为服务者服务"主题活动项目自2007年10月正式启动。每届开展都各有侧重、各有特点。第一届侧重开展了"我为后勤员工做体检""我为后勤员工捐本书""我做后勤员工子女小老师""我做一天后勤人""我为后勤员工照张相""我为后勤员工送春联""我为后勤员工唱支歌"等活动。第二届总体分"祝你平安""成长快乐""美丽后勤""相亲相爱"四个篇章，侧重开展了"我为后勤做足疗""我为后勤员工办晚会""我为后勤照张相""我为后勤画漫画"等活动。第三届侧重举办"献礼党代会，感恩后勤人"表彰大会，"新年团拜会"、"我与后勤共运动"等优质活动等等。

三、成效与经验

通过多年的坚持开展，促进了青年学生和后勤职工之间深入的理解和沟通，

双方互相关心、互相帮助，关系明显改善。不仅开创了和谐社区、文化社区的建设，也挖掘了和谐校园文化的新内涵，促进了和谐校园的发展。

（1）通过交流与沟通，增进了青年学生与后勤职工的理解和感情。沟通是解决问题的最佳途径，很多矛盾和误会都是由于缺乏沟通造成的。而这一系列活动恰恰在学生与后勤职工之间搭建了一个交流与沟通的平台，使学生与职工在活动中从相互认识、相互了解到相互熟识。学生一贯的偏见与抱怨不见了，取而代之的是对后勤职工工作的感谢、认可和宽容；后勤职工也因学生的肯定，工作变得更加积极热心，工作干劲更足了。

（2）通过亲身体验劳动艰辛，青年学生学会了感恩和宽容。活动中，构建学生与后勤职工之间交流平台主要通过"我做一天后勤人"学生的亲身体验实现。虽然体验活动时间不长，但在后勤职工每天工作的岗位上，学生们体会到了后勤服务工作的辛苦、烦琐和细致，认识到了劳动者不懈的意志和执着的精神；意识到后勤职工日常工作的艰辛和不易，困难和劳累，从而发自内心地感谢后勤职工，积极通过已掌握的知识和技能慰问后勤职工，为他们带去服务和欢乐。同时，通过这些劳动体验活动，促进了学生对劳动的热爱，改变了学生平日娇生惯养的生活习惯，树立了敢于吃苦、乐于奉献的个人品德，真正获得了身心的成长。

（3）通过各类精品活动的开展，后勤职工的业余文化生活更加丰富。"浓情献书，感恩后勤"活动中，学生分享出平日里的藏书捐赠给后勤职工阅览室，为后勤职工送上了一份知识文化的厚礼，在一定程度上满足了后勤职工的精神文化需求。在"我为后勤员工唱支歌"和"情满后勤服务者，百幅春联送祝福"活动中，后勤职工作为被服务者，感受着学生为他们的服务和感谢之情，丰富了后勤职工的业余文化生活。在"我为后勤员工体检"和"我做后勤员工子女小老师"的活动中，后勤职工不仅感受到学生对他们关心和感恩，还感受到学校和学生对他们工作的支持和对家人的关爱。如此互动、互助、互惠的活动，让校园充满了爱的温暖，诠释了和谐校园的新内涵。

（4）通过丰富多彩的主题活动的开展，促进和谐社区、和谐校园的建设。在学生和后勤职工间相互理解、关系融洽的基础上，两个主体协作配合，将丰富的校园文化活动融入学生社区中，创造了一种新的社区文化，拓展了和谐校园建设的思路和方向。通过校园生活社区中的各社团活动中心和多彩的校园文化活动，促进了校园优秀文化在学生和职工中的渗透。从而在发展文化社区、和谐社区的基础上，不断推进和谐校园的建设。越来越多的团学组织，特别是学生社团加入到为后勤员工服务的行列中来，活动的数量和质量都得到了进一步的提高。

杭州师范大学"走进后勤，为服务者服务"主题活动，坚持以"中国梦"为统领，制定出具有学校自身特点的和谐发展之路。通过全校共青团组织的各种校园文化活动为载体，联合校有关部门，以建设和谐校园为出发点，以后勤服务为原点，辐射整个学校管理，切实将校园文化建设引导到结构、成效和谐发展的轨道上来，形成了大学生和后勤职工两个主体互动互惠、共同成长的良好氛围，营造出了后勤职工踏实服务学校青年学生、青年学生主动关心后勤职工，温馨祥和、其乐融融的校园文化环境。

（该项目荣获共青团杭州市委2009年创新创优十佳项目）

加强人口文化进校园工作
推进大学生身心全面和谐发展

——校"人口文化进校园"主题教育项目

高等学校是培养人才、传承文明、建设先进文化的重要高地。随着学校规模不断扩大，新校区逐步完善，在校生数量急剧增加和"四个多样化"的影响下，大学生思想观念和生活方式有了新的变化，人口文化教育和服务刻不容缓。学校一直以来高度重视人口文化教育和服务，特别是浙江省教育厅、省人口计生委下发了《关于推进人口文化进校园活动的意见》（浙教宣〔2006〕238号）后，从教学、科研、校园文化活动等多方着手，引导青年学生深入了解人口文化知识，提高人口文化在青年学生中的认知和传承，进一步丰富和发展学校"人文学堂，艺术校园"的文化特色。

一、思路与举措

（一）加强组织领导，整合各方资源，进一步健全"人口文化进校园"运行机制

（1）深化认识，加强领导。学校领导班子针对学校学生数量不断增加、女生比例持续偏高、师范教育呈现特色的情况，定期研究人口文化教育和服务工作。一致认为，人口文化教育和服务是做好大学生思想政治教育的有效载体，是校园文化建设的重要组成部分，也是培养社会主义合格建设者和可靠接班人的重要途径。学校成立了人口文化进校园协调小组，由一名校领导牵头，成员由学工部、宣传部、教务处、公共事务管理处、团委等有关部门负责人及各学院分管领导组成。学校主要领导一直以来高度重视人口文化进校园工作。从

2003年起,学校主要领导就指导参与大学生青春健康教育、心理健康教育等相关分管领导也经常参加人口文化进校园活动,并给予必要的指导和帮助。学校把人口文化进校园工作纳入学校中心工作中,提供必要的活动场地和经费支持。

(2)建章立制,齐抓共管。学校从提高大学生身心健康素质和促进全面发展的高度,规划建设,建章立制,相继出台了《关于进一步加强和改进大学生心理健康工作的若干意见》等多项制度,进一步规范和健全了教育服务的机制。学校还充分利用各部门的职能特点和多学科的特色,积极调动相关部门、学院和研究所的政策优势、人才优势和专业优势,形成了真抓实干、齐抓共管、常抓不懈的良好局面。学工部总体负责组织协调,具体实施心理健康教育工作;宣传部利用校内网络、电台、广播等宣传媒体,营造良好的文化支撑;教务处负责开设相关必修和选修课程;公共事务管理处充分利用校医务所为学生定期体检和日常医疗保健,开展生理健康服务;校团委依托学生社团组织,开展相关主题教育活动;依托继续教育学院培养中小学师资的优势,开设相关的网络教学课程;依托人口研究所、思想政治教育研究所等研究机构的优势,从培养师资、学术研讨、总结探索等方面推动人口文化进校园工作顺利开展。

(3)整合资源,形成合力。学校依托省、市、区(县)人口计生委、市疾控中心等政府部门的政策资源,深入开展人口文化进校园活动。2002年起,学校成为中国计生协与国际适宜卫生技术组织("帕斯")合作的青春健康项目的省内高校唯一试点单位,率先在大学生青春健康同伴教育方面进行有益探索实践,取得了良好的成效。学校通过各级人口计生委的力量,得到了必要的物资和师资帮助。学校还与下沙经济技术开发区管委会联合开展下沙高教园区人口文化进校园启动仪式,在下沙高教园区内率先开展这项工作,为其他高校顺利开展提供了借鉴和启迪。与市疾控中心、白杨街道还开展预防艾滋病主题宣传活动等。

(二)重视第一课堂,强化科学研究,进一步发挥高校教学、科研、管理三方作用

(1)加强第一课堂的教育引导。学校把人口文化教育内容融入课堂教学中,在《思想道德修养与法律基础》《人口学原理》《伦理学》《大学女生生理健康》等必修课中强化人生观、爱情观、婚育观、伦理道德等相关内容的教育。结合

课程实际,将计划生育法规政策、生理心理、生殖健康、避孕节育、预防艾滋病等内容融入课程中,加强学生人口文化教育。同时,邀请陈一筠、顾宝昌等国内外专家、各级计生委领导分专题开设讲座,深受大学生欢迎。通过与课时数和学分数挂钩、兴趣和专业结合的指导模式,学校人口文化第一课堂教育效果良好。

(2)加强人口文化的科研力量。近三年来,涉及青春期教育、现代生育文化、婚恋问题等方面,仅学校研究机构就承担了各级各类科研项目20多项,其中完成了国家社科基金项目1项;参与国家社科基金项目1项;完成联合国教科文组织全国委员会科研项目1项;持续性参与研究世界卫生适宜组织(PATH)国际合作项目1项以及其他各级各类重要项目若干。特别是学校的杭州市心理危机干预重点实验室和浙江省心理健康教育培训基地的确定,为大学生心理健康教育提供了坚实的服务阵地。正是在这些专业研究和科研项目的支撑,以及在实际教育服务过程中的应用,为学校建立人口文化教育长效机制提供了帮助。

(三)依托学生社团,精心策划活动,进一步拓展人口文化在校园文化建设中的深度和广度

(1)以校园文化建设为载体,积极组织人口文化教育主题活动。学校以连续举办5年的青春健康教育文化节为主线,以"同伴教育"为模式,以世界人口日、艾滋病日、新生始业教育和节假日等时期为重点,将校园文化的丰富形式与人口文化教育的具体内容结合起来,积极开展了全国青春健康同伴教育观摩会、青春讲堂、性健康知识普及、预防艾滋病宣传、同伴教育观摩会、大学生爱情免疫学等一系列丰富多彩的活动。

(2)以专业学生社团为阵地,充分发挥学生组织的示范作用和教育功能。党团组织、学生会、学生社团组织发挥政治优势和组织优势,开展有关的党团日活动和校园文化活动。特别是学校青春健康志愿者协会成立于2004年4月,是我省第一个专门从事青春健康和人口文化教育的学生社团。协会每年在全校范围内举办5期以上的青春健康志愿者(主持人)培训班,进行主持人技巧与生活技能等方面的培训,经过培训的志愿者分别到所在的院系和班级担任主持人,开展培训教育活动。黄公元、王涤、郑蓉等十多名专家教授和青年学者担

任协会的指导老师。在协会多年来不懈的努力和推动下，"青春无限好，健康更重要"、"我的青春我做主，只留青春不留撼"等教育口号已深入全校师生的心中。

（3）以网络等宣传平台为抓手，加大对人口文化的宣传教育力度。2003年，在青春健康国际合作项目的支持下，通过校内资源的有效整合，开辟了网上"青春期教育"培训的新渠道，得到了校内师生和社会媒体的广泛关注，借助网络信息平台使学校人口文化教育的辐射面不断扩大。利用每月一期黑板报墙报、利用宣传画四校区巡回展，对大学生进行人口理论、青春期健康、生殖期健康、性病及避孕知识等的宣传教育。

（4）以青春健康同伴教育为特色，积极拓展校内外实践服务。学校连续10多年精心打造的青春健康同伴教育品牌项目，以小组讨论、角色扮演、头脑风暴等多种形式，在"平等、开放、参与"的良好气氛中宣传青春健康和人口文化知识，提高了当代大学生的思想道德、科学文化和身心健康等素质，逐步成了学校人口文化进校园的特色和亮点。近6年来，接受青春健康同伴教育系统培训的学校大学生达7000余人，为兄弟高校大学生，社区、企业、农村、医院和政府机关青少年、外来务工青年培训达10000余人。

二、经验与启示

1. 坚持普及教育与研究工作相结合

人口文化进校园既要充分利用"大宣教"工作格局，又要组织开展形式多样、内容丰富彩的校园文化活动。既要抓好人口文化教育的课堂主渠道，又要在关心、服务好大学生身心健康。多搞结合，把人口文化渗透到高校思想政治教育的各个领域和载体中去，真正达到人口文化"进教材，进课堂，进头脑"。但是，随着经济全球化、网络信息化、文化多元化等方面的影响，大学生群体正在发生一系列新情况和新问题，需要高校整合教育研究资源，深入开展人口文化研究工作，注重科学研究与教育实践相结合，既要在实践中总结提炼人口文化进校园的长效机制，又要通过研究，正确认识教育主体，开发教育内容，拓展教育形式，建立形式与实效相结合、思想性与趣味性相统一的活动品牌。

2. 坚持自我教育与服务社会相结合

要充分发挥党团组织、学生社团组织的力量，广泛开展人口文化进校园活动，在活动中加强自身的知识普及和服务。同时，要坚持走向社会、走向基层，在为社会服务的过程中锤炼自我、提升自我。要将校内积累的好经验、好模式、好办法带到兄弟高校、社区、企业、农村的青年群体中去实践。要贴近生活化，注重人性化，努力增强人口文化的吸引力和感染力；要符合群体性，强化方法论，努力增强人口文化的针对性和实效性。只有积极拓展教育平台，整合社会资源，调动各方面参与人口文化的积极性、主动性、创造性，才能不断扩大人口文化的覆盖面、教育面和影响面。

3. 坚持身体健康与心理健康相统一

人口文化进校园，归根结底是为了学生身心和谐。学校要通过校医门诊、专家咨询、定期体检等方式，关心学生生殖健康和青春期保健，特别是加强避孕节育，预防艾滋病教育和女生自我保护教育。要以学生心理咨询中心为平台，加强心理健康专家的指导和心理危机干预，促进心理和谐，培养健全人格。要通过课堂教学、报告讲座、刊物网站、朋辈活动等形式，引导和培育大学生正确人生观、爱情观、婚育观、伦理观。要依靠辅导员、班主任、心理健康咨询师、校医、住宿公司生活指导教师等一线教师通过走访寝室、个别谈话等途径，正确引导他们处理好婚恋与学业的关系，对失恋、未婚先孕以及性生理疾病等引发心理问题的特殊个体及时做好引导、处理和安抚工作。

三、成绩与不足

在上级主管部门、省市计部门的有力指导和帮助下，学校多年来始终坚持开展人口文化进校园活动，学风校风更好了，用人单位、学生家长、新闻媒体对学校评价更高了。同时，以人口文化教育下乡为主要内容的赴淳安严家乡暑期实践小分队荣获中宣部、中央文明办、教育部、团中央等"全国暑期社会实践先进团队"称号。学校青春健康项目工作小组、青春健康志愿者协会、协会会长毛蓉蓉同学分别荣获中国计划生育协会颁发的"奉献奖""组织奖"和"优秀主持人奖"。中央电视台《新闻社区》栏目、《钱江晚报》《青年时报》《今日早报》、浙江电视台、《当代人口》《生殖健康》博览网等媒体多次对我校青春健康和人口文化教育工作进行全面深入的报道。

在取得一定成绩的同时,我们也清醒地认识到,在当前高校校园文化多元化、学生需求个性化、学生生源复杂化和国家对大学生婚姻政策宽松化的影响下,学校大学生人口文化教育和服务任重而道远。今后,学校将在上级有关部门的指导下,学习兄弟单位的先进经验,进一步提炼总结,开拓思路、创新举措,深入开展"人口文化教育进校园"和"婚育新风进万家"活动,努力探索和完善人口文化进校园活动的长效机制,增强学校校园文化建设的实力、活力和竞争力,培育身心和谐、全面发展的新一代。

(本文系2008年全省高校"人口文化进校园"工作推进会上我校典型经验交流材料)

寓教于乐　润物无声

——新媒体环境下大学生动漫式思想政治教育项目

近年来，动漫文化是青年学生喜爱的一种文化形式，也是一种非常隐蔽的思想政治教育手段。通过可爱、简洁的动漫形象把社会主义核心价值观传递给学生，引导学生树立正确的世界观、人生观和价值观。2011年以来，杭州师范大学通过整合校内校园话剧的独特优势和动漫学科特色，充分依托文化创意学院（国际动漫学院）、美术学院、人文学院等学院师生力量，立足互联网和新媒体平台，将围绕校园漫画、校园动画、校园手机彩信、动漫戏剧等载体，创作剧本、策划方案、精心制作、宣传推广，使学生在娱乐之中潜移默化接受教育，进一步打造"动漫式思想政治教育"新方式、新载体。

一、项目的目标与意义

（1）探索大学生思政教育"寓教于乐"教学境界的全新模式。大学思政教育中有很多是相对较难理解或者严肃、枯燥的内容，传统教学手段有很多弊端，不但老师很难讲解，学生也不乐于学习或者是死记硬背。通过动漫手段打造"寓教于乐"教学境界的全新模式将是思政教育的发展途径。

（2）促进大学生思政互联网手段的改革。动画是一种用利用现代影音技术，在无限的创意想象的空间里，将静态的虚拟要素，以动态的声像并茂的方式表现出来，动漫在思政教学中的应用，能更好地将声音、图像、人物、故事、场景有机地融合起来，潜移默化地影响学生，更好地提高教学效率，从传统的纸质媒介跨越到新媒体媒介，从传统的说教形式转变为互动形式，新兴的互联网手段通过动漫这种艺术形式在教育中将得到充分的运用。

(3) 促进大学生思政教育方式的改革。动漫和新型科技的紧密联系会促使大学思政教育更多地反映时代内容，更加贴近生活，更多地反映大学生的现有知识经验。可以利用动画的手段还原历史，再现情境，模拟角色，起到营造氛围、身临其境、通俗易懂的教育目的。可以利用漫画的讽刺、幽默等艺术手段，展现矛盾冲突，加深对内容的理解，引发思考。

(4) 构建情境互动的教育形式。游戏是动漫的重要表现形式之一，它具有互动、参与感强的特点，可以利用这个特点，以互动的方式让学生在自觉自愿中实现思想政治教育。

二、项目实施方案

(一) 项目思路和目标

动漫文化包含动画、漫画、游戏等多种形式。对动漫文化形式的借鉴不能停留在表面。对动漫的形式进行借鉴时，不能生硬地将思想政治教育内容植入动画中，这样做只是简单的灌输，反而会引起学生的厌恶感。大学生思想政治教育对动漫文化形式的借鉴，要将思想政治教育的内容合理地融合进动漫的形式中。

(1) 借鉴动画的形式，改进网络思想政治教育。动画是一种利用现代影音技术，将静态的、虚拟的元素，动态地表现出来的艺术形式。它不仅带给人艺术上的享受、感官上的刺激，也是一种具有内在逻辑性、结构性可循的形式。大学生思想政治教育多媒体教学，也是一种动画形式，是文字内容的动态展现。学习动画形式，按照思想政治教育的内在逻辑，将教学内容通过动画一步步展现在大学生面前，可以达到通俗易懂、易于接受的目的。

(2) 创作教育类动漫，以动画作品的形式展现思想政治教育的内容。教育类动漫是教育与动画的结合体，如学校创作的新生入学教育动画片《小杭的故事》系列、原创绘本《中国梦·我的梦是大海》《我的大学寝室故事》等都有教育意义。

(3) 在大学生思想政治教育过程中，加入漫画解读。漫画的一大特点就是利用讽刺、幽默等艺术手段，展现作者对现实世界发生的事件的看法。在日常教育过程中加入漫画，既可以活跃育人气氛，营造良好的教育环境，又可以通过对漫画的解读，加深学生对所学内容的理解，锻炼学生的思维能力。

（4）借鉴动漫文化中的游戏形式，建构大学生思想政治教育互联网平台。在游戏中，学生的思维能力、操作能力都得到了加强。思想政治教育可以借鉴游戏的创作理念，构造网站、微信公众号等互联网学习平台。在平台中，合理地引导学生按照步骤进行学习，设计等级提升、荣誉奖励等要素，使大学生乐于学习，融入其中。这样不仅提高了学生的兴趣，也使得教育过程条理，教育内容易于接受。

（二）实施载体

（1）组织开展大学生主题剧本创作大赛。以大学生思政教育内容的主题，发扬人文学科的优势，开展剧本创作活动，分项分类收集整理一批优秀的原创剧本。

（2）组织开展主题动漫数字设计大赛。以校园安全、健康心理、文明修身、校史校情等主题开展动漫数字设计大赛，在全校范围内公开征集课件设计、网页设计、动画设计、插漫画设计、DV设计等作品，进行专家评选，评选出的优秀作品将作为新生始业教育和学生心理健康教育的辅助教材。

（3）联合杭州市旅游局等相关部委，服务杭州，增强社会责任。积极服务杭州，组织开展"动漫提升杭州生活品质"的系列活动，首期包括和体育局合作开展的"骑行杭州，动漫休闲"活动，和杭州城管合作开展的"动漫美化杭城"活动，并逐步将合作范围扩大到旅游局、公安局、纪委等部门，针对禁赌、毒，反腐、廉洁教育等主题开展动漫设计和创作活动。

三、项目取得的成效

项目前期已成功举办多期文明修身、文明寝室主题漫画展，并已制作完成公益广告动画片《小杭的故事》系列近10部；正式出版《生命的常数》《温暖的白棉被》《中国梦·我的梦是大海》《我的大学寝室故事》《我是志愿者》等主题绘本，拍摄微电影《寝室轶事》20集以及完成动漫衍生品的设计与制作，并通过学校"蕙风漫语"微信平台和各公寓楼大厅平板电视、电梯间广告墙等进行推送和传播，在广大师生中产生了较好的反响，积累了丰富的创作和出版经验。

（1）有利于大学生培育和践行社会主义核心价值观。动漫作品中包含了哲学、伦理学、心理学、社会学、美学、政治学、物理学甚至宗教文化的内容，大部分动漫作品以探讨社会主义核心价值观为主题。动漫作品所传达的积极观念，如奋斗进取、乐观豁达、沉着稳健等，都会影响到大学生。而思想政治教育的首要重要任务就是要推动大学生培育和践行社会主义核心价值观，动漫文化促进了这一过程的开展。

（2）有利于大学生传承先进文化。动漫文化既有其世界性，又有其民族性。说动漫文化有世界性，不仅是因为其在世界范围内被人们所创造，更重要的是，动漫文化通过现代媒体进行传播，在世界范围内得到认同、接受。说其有民族性，是因为世界各国都以本民族的文化作为动漫文化的最初源泉，其制作出来的动漫作品必然带有不同的民族印记。正是由于这种世界性和民族性特征的统一，大学生通过动漫不仅了解本民族文化的先进思想，也体会了世界各民族的先进文化。

（3）有利于大学生创新思维的培养。青少年在观赏动画、阅读漫画、玩转游戏的同时，也是在对动漫作品进行解构，这本身就是创新的过程。

发挥朋辈模范示范作用 打造"伙伴式"育人平台

——经济与管理学院"朋辈讲堂"项目

一、项目概述

（一）项目建设的现实意义

中共中央、国务院《关于进一步加强和改进大学生思想政治教育的意见》中指出，要"坚持教育与自我教育相结合。既要充分发挥学校教师、党团组织的教育引导作用，又要充分调动大学生的积极性和主动性，引导他们自我教育、自我管理、自我服务。依靠朋辈群体开展高校育人工作，在延展第一课堂教育空间的同时，对加强和改进大学生思想政治教育工作具有积极作用，有助于提高大学生思想政治教育工作的实效性，有利于营造"追逐榜样""助人－自助"的校园文化氛围。

"朋辈讲堂"作为朋辈教育的一种实施手段，其开设有利于发挥优秀学子的"典型示范"作用，实现主讲人与听众的双向互动与"自省"，有助于打造"伙伴式"育人平台。

（二）项目建设现状

"朋辈教育"（peer education）是指具有相同背景或是由于某种原因使具有共同语言的人在一起分享信息、观念或行为技能，以实现教育目标的方法。在实践过程中，通常的表现形式为"学长制"，它最早起源于15世纪英国的伊顿公学（称为学长辅导制度），日本早稻田大学还将其作为一种学校的领导机制。同时，学长辅导制度在欧美高校也逐渐流行，美国高校如哈佛大学学长辅导制度的理念就是帮助指导新生面对大学挑战，适应大学生活，同时为学长提供提高领导能力的机会。

而讲座或沙龙是"朋辈教育"体系中最受欢迎的形式,浙江大学、西南大学、宁夏大学、华南师范大学、福建师范大学等高校相继开设了"学子讲堂",而香港高校如香港科技大学有"卓贤汇"特色活动(confluence dinner)。

经济与管理学院"朋辈讲堂"于2014年12月11日迎来第一讲,开设一年来已举办主题讲座、沙龙、分享会十二场,涉及就业、党建、创新创业、学科竞赛、志愿服务、出国及考研经验分享等诸多方面,共计邀请27名优秀学子"开讲",参与活动的团员青年近800人次,递交的心得体会近千篇。该项目是获评2014年度校共青团工作创新奖三等奖及校级"思政特色项目"的重要子项目。

(三)项目优势条件

与其他工作模式相比,朋辈教育模式具有充分发挥朋辈群体同龄优势、实现双向教育、提升工作实效等方面的突出优势,其淡化了教育过程中存在的不平等性和斥拒性,变灌输为引导,使得教育手段多元而生动并最终获得较为理想的结果。首先,经过严格选拔的、各方面都比较优秀的朋辈教育者对身边的其他同学具有较强的同龄人之间的示范和引导作用。其次,以朋辈教育的方式对其他同学进行教育和引导,对教育者和受教育者来说,是一个共同进步、共同提高的过程。再次,相对教师,学生在心理上和其他同学更为贴近,更容易得到其他同学的认可,能有效提升高校育人工作的实效性。

二、项目建设的目标与思路

(一)目标

"朋辈讲堂"以优秀学生为主讲人,以传播时代精神、成长经验和专业知识为主要内容,通过优秀大学生事迹分享会、沙龙等形式,让主讲者成为学生理想信念的引导者、学习方法的指导者、兴趣特长的挖掘者、习惯养成的帮助者,让优秀学生以其亲身经历和自身成绩,影响和带动其他学生,促进大学生自立自强、奋发进取,提升校园文化品位,打造校园精品活动品牌,服务广大学子成长成才。

（二）思路

创设"榜样引领式"育人平台，充分考虑90后大学生的群体特点和实际需求，实现项目的科学化、专业化、精细化，紧抓不同阶段的工作重点，选取不同的交流主题；针对不同年级、不同专业的学生需求选取不同的主讲人，为学生提供"亲民、友善、高频、高效"学习平台。同时，利用网页、微信、专题宣传栏等载体加强对于优秀学子的宣传，营造"争做榜样"的文化氛围，彰显青春正能量。

计划在2016年举办"朋辈讲堂"十二讲，受益学生群体突破千人；设立"朋辈讲堂"人才库，并吸引青年教师及兄弟高校、兄弟学院的优秀学子走入"朋辈讲堂"，分享校园精彩生活、学习经验、提供专业指导；依托学院网站及微信平台，设立"朋辈网"子板块，设立"学业引领""就业指导""志愿青春""朋辈沙龙"等子栏目，将"朋辈讲堂"的活动预告、精彩视频引入新媒体平台，并实现双向互动；调查活动参与者对于活动的满意度、收集建议，为项目优化提供参考。

三、项目建设的实施方法与过程

（一）强化典型引领，培育校园文化

为实现"朋辈讲堂"的"示范""自省""互动"功能，凸显"亲民、友善、高频、高效"特性，在主讲人的选择和培养上应有所侧重，注重典型性。

首先，主讲人的选择注重责任感和使命感。主讲人作为被学生群体普遍认可的学生代表，具有对他人、对集体的强烈责任感才会使自身的积极因素迸发出来，自觉自愿地投入到朋辈教育工作中。同时，要充分相信学生榜样开展教育的能力。

其次，依据不同思想政治教育目标和内容合理选材。将"朋辈讲堂"划分为就业、学业、创业、志愿服务、思想引领等不同模块，依据不同模块建立、更新讲堂人才库，针对不同阶段的工作重点、不同的受众选取不同的主讲人，注重吸引年轻教师、兄弟高校、学院的优秀学子、优秀校友加入育人队伍。

最后，给予主讲人必要的指导，实现讲堂良性互动。讲座实施前就讲座的形式、内容、目标与主讲人进行沟通；对于主讲人在演讲技巧、活动组织、临场应对等能力提升的需求提供相应指导、搭建学习平台；讲座后，对讲座进行及时总结，分享体会，共同进步。

（二）创新讲堂形式，拓展育人平台

自2014年项目开展以来，"朋辈讲堂"的场地选择多为教室，这在硬件设施、活动组织以及便利性上提供了保障，但也会因为形式的固化而使学习者的热情减退。为了增强项目的活力和吸引力，应当依据不同主题，选择不同的活动场地、不同的活动形式，努力做到虚实结合，拓宽育人空间，例如就业指导、实习经验的分享会可以设在主讲人的单位，增强感官体验；学科竞赛获奖同学的经验分享，以赛事重现的形式展现给学生，并邀请听众参与其中；志愿者分享会可以适时加入情境模拟或场景再现，增强双向互动。

为进一步推进"朋辈讲堂"时间、空间的延展性，让广大师生及时全面了解项目进展，在线上微信推送、网页公告、线下（海报）推广的基础上，2016年拟制作"朋辈网"并上线运行，宣传典型事迹，分享榜样经验，上传"朋辈讲堂"精彩视频，设立网络交互空间，使传统的讲堂插上互联网的翅膀。

（三）注重朋辈相长，打造活动品牌

"朋辈讲堂"项目以切实提升学生综合素养、营造学院优良学风、培养学生经管气质为主旨，通过精细化的梯度设计为学生搭建发展平台。设立"青春纪念册"，记录主讲人的分享体会和今后的个人期望，记录听众的心得体会、未来规划；通过微信平台、"朋辈网"、沙龙活动加强主讲人与同学间、主讲人间的交流，实现双向互通、教学相长。每月开展一至两次活动，力求将"朋辈讲堂"的活动形式渗入学生的校园生活，贯彻四年的大学生活，尤其是发挥其在新生始业教育及毕业生就业指导等阶段的作用，真正做到引领风潮、服务同学，切实提升大学生"三自能力"。

四、项目建设的保障条件

（一）组织领导

一是学院分管学生工作的副书记作为主要负责人；二是由学院团委书记根据模块分工指导团委、学生会及相关专业社团寻找身边的榜样，策划、组织活动。

(二）队伍建设

一是定期对"朋辈人才库"进行更新，为人才库成员提供自我提升的机会，为同学们的提升需要提供"私人订制"；二是由专职辅导员牵头，在团委、学生会的原有建制中设立专人负责"朋辈讲堂"的资金管理、资料整理，做好归档工作。

(三）资源配备

一是学院整合多方资源，筹措专项资金，做到专款专用，为"朋辈讲堂"发展提供强劲的财力支撑；二是利用教师、校友资源，提升"朋辈讲堂"的软实力，吸引到高素质、多领域的主讲人。

(四）制度建设

一是将"朋辈讲堂"的主讲人及参与者列入学院综合测评细则，适当给予鼓励，提升活动参与度；二是定期对"朋辈讲堂"进行认可读的调查，了解学生的需求，提升项目的教育实效性。

出彩理学人　沸腾正能量

——理学院先进典型培育工程

一、本项目的基本概况

1. 现实意义

"出彩理学人"基于全校上下高度重视学风建设工作的背景应运而生。该项目是凝练、升华师生共同的精神向往和价值追求的系统工程，也是指导和帮助每一位同学从自己做起、努力追求卓越、超越自我的长效机制。通过对身边先进典型个人和团队（包括教师和学生）的挖掘，让闪光点亮起来，让更多的"出彩"为同学们所熟悉，激励本人，也感染和引领更多同学朝"出彩"迈进。

该项目紧贴学院现有中心工作，围绕学风建设主题推行系列举措，致力于将原有好的做法标准化、规范化直至精品化，将目前好的设想落到实处，有较强的现实意义和可持续意义。它是理学院学风建设的一个重要抓手，同时也是理学院文化积淀的一个重要平台。

2. 建设现状

经过近一年的建设，理学院目前已建成空间概念上的平台——理学家园，搭建好文化概念上的平台——里仁讲堂、文渊理谈（师生访谈录）、真人图书馆（与校图书馆合作）等项目，这些都为"出彩理学人"后期的宣讲、报告会、展示提供了平台基础；"出彩理学人"的挖掘、采访、报道工作初见成效，在学院微信公众号"指尖上的理学"开辟了专栏，目前已经推出了25期，既有个人也有先进团支部、学生组织等集体；2015年12月经申报、评选，产生了理学院首届十佳"出彩理学人"，在年度师生表彰大会上对获奖个人（团队）进行了隆重的表彰，获奖同学的出彩事迹深深震撼了全院师生。

3. 优势条件

理学院现有数学与应用数学、统计学、信息与计算科学、物理学、应用物理学、科学教育和地理信息科学7个本科专业。各专业均有相应的学科竞赛，拥有具备专业特色的学生社团，如数学科研协会、电子DIY协会、Aistar天文社等，均由专业老师指导，第一课堂与第二课堂联动推进学风建设。同时，学院在教研方面具有较强的师资队伍，为学生的培养提供了坚实的师资保障。

二、本项目建设的目标与思路

1. 建设目标

（1）努力培育一批同学景仰和向往的榜样，如"杭师大版居里夫人"陆霞同学、"最美杭州人—杭州市青年英才"曹超老师等典型个人。每年推出约60个出彩理学人典型个人（师生），约10个典型集体（面向学生组织、党支部、寝室等），逐渐累积，按类整理，建立"出彩理学人"资料库，形成学院独特的文化积淀。

（2）依托"出彩理学人"典型个人挖掘，好中选优，组建"出彩理学人"师生报告团，并依托宣传平台，举办巡回报告会。

（3）建立学风建设专题网站，通过学风动态、班风展示、人物风采、规章制度、他山之石等专栏进行学风建设过程、方法、成效的集成宣传，扩大影响。

2. 建设思路

（1）加强师德师风建设。依托教师典型个体的挖掘、宣传与推广，以点带面，提高教师教学水平，以师德、师风、教风建设带动学风，充分发挥教师在学风建设中的主导作用，使学生"乐学、知学"，为培养优良学风指引方向。

（2）加强学习风气建设。依托一批学生典型个体的挖掘、宣传与推广，重视辐射作用，使学生"勤学、比学"，营造良好的学习风气和文化氛围。

（3）加强主题教育活动及载体建设。依托十佳出彩理学人评选、"出彩理学人"报告会等主题教育活动、载体建设，提高学生自主学习能力，增强学生的实践能力和创新意识，使学生"会学、悟学"，激发学风建设的内在驱动力。

（4）加强制度建设。发挥制度的约束功能，在全院形成全员、全程、全方位育人和教育、管理、服务育人的合力，使学生"必学、恒学"，为良好学风的形成和优化保驾护航。

三、本项目建设的实施方法与过程

1. 思想引领，与"理"同行——典型个人与先进集体培育

榜样的力量不可小觑。挖掘在学术科研、学科竞赛、创新创业、自强励志、文艺体育等方面表现突出的学生，以及在教学、科研、育人等方面表现突出的老师，通过里仁讲堂、文渊理谈等平台，给予全院同学与先进典型面对面交流的机会。坚持文明班级、优良学风班级评选，学优寝室、学进寝室评比，十佳团支部评选、团支部风采展等评比，在"赶、比、超"的互帮、互助、互比的氛围中倡导良好的学习风气和团结向上的精神，培育一批在学习科研、创新创业上表现优异的先进集体，让小学风推动大学风。此外，学院专门在办公区开辟师生荣誉台，公布教师及学生在各方面获得的荣誉，让"出彩"被更多人看见。

2. 行动推进，勤学明"理"——事迹推广与荣誉表彰

由新闻中心对典型个人和先进集体进行跟踪采访，将他们的事迹加以整理包装，通过学院微信公众号进行"出彩理学人"专栏推送，扩大影响力。目前已推出25期，其中既有在学科竞赛、学术科研上取得丰硕成果的学霸，也有坚强励志的自强之星，既有获校十佳文明班级、市先进团支部等多项荣誉的班团，也有为同学服务的学生组织。

推出理学院首届"出彩理学人"评选，设置学习标兵奖、创新创业奖、文艺体育奖、自强励志奖、道德风尚奖及团队奖，产生了10名获奖者及6个提名奖。在学院2015年度表彰大会上设置独立颁奖环节，对获奖学生进行隆重的表彰，颁发证书、奖杯。我们细细统计每一个潜心育人的老师，往年的表彰大会只表彰学生，自2014年开始，我们增设教师表彰环节，让更多的人能看见老师们的付出，听到他们坚持的声音。

3. 机制保障，督查守"理"——学风督查与文明寝室督查

成立了学风督查小组，由学生党员、入党积极分子组成，通过这一先进集体，实行学风督查。党务中心根据各位党员和入党积极分子的空课情况进行统

一安排，小组成员对迟到旷课、带早餐进教室、穿拖鞋进教室、上课玩手机等情况进行劝阻和登记，并及时反馈到学院，由学院进行批评、教育和通报。通过督查计划的实施，进一步推进第一课堂良好学习风气的形成。开展文明寝室评比活动，对寝室卫生、违规电器使用、迟归等方面进行综合评比，督促学生创造良好的学习环境。学院制定文明寝室评比的具体规则，依托院学生会开展评比。

四、本项目建设的保障条件

（1）组织领导。学院党政领导班子重视，在经费、政策等方面给予大力支持。成立了项目实施工作小组，由分管学生工作副书记、教学院长为小组组长，教务科、学工、团委、工会相关人员为小组成员。

（2）队伍建设。坚持项目整体统筹与单个子项目灵活运行相结合，每个子项目组建一个运行团队，如团委指导学生新闻中心进行"出彩理学人"的宣传与推广，学工办牵头十佳"出彩理学人"评选，工会牵头"出彩理学人"教师专题的推荐与挖掘等。项目化运行确保实施过程更加灵活到位，对项目的整体推进起到了积极作用。

（3）资源配备。场地配备上，理学家园运行一年多，在师生中积累了良好的口碑，为相关活动开展提供了空间上的支持；文化概念上，里仁讲堂、文渊理谈（师生访谈录）、真人图书馆等项目有所侧重地邀请在不同领域有优异表现的学生或老师与同学交流，为"出彩理学人"后续的宣讲、报告会、展示打好基础；经费投入上，学院拨出专门经费用于奖励十佳"出彩理学人"；宣传途径上，学院微信公众号、官方微博、官方网站都是最得力的渠道。

（4）制度建设。学院研究出台、修订了系列细则、规定和文件，如新出台了《理学院"出彩理学人"评选办法》《理学院关于推进教师指导本科学生创新创业的奖励办法》等制度，修订了《理学院关于进一步加强学风建设的若干规定》《理学院教师教学工作业绩考评实施细则》等规章，组建了以学生党员、入党积极分子为核心的学风督查小组，为项目的推进奠定了基础。

深入开展同伴教育　加强自我教育功能

——大学生德育同伴教育项目

一、德育同伴教育的由来与内涵

德育同伴教育是同伴教育的一种形式。"同伴教育"是近几年在发达国家流行的一种新兴教育形式。它是教育者通过与自己年龄相仿，知识背景和兴趣爱好相近的人分享信息、观念或者行为技能，以潜移默化的方式实现一种教育目标的间接教育。其特点是尊重、平等、形式活泼和参与性强，核心是交流。有学者指出，"它不是讲座、学术探讨，而是游戏。""灵活轻松的游戏和自由深入的讨论能使同学们坦然面对来自生命和成长中的各种挑战，并在以后向同龄人传递所学到的信息。"

2004年中央16号文件下发后，政治与社会学院（原政治经济学院）带着这个问题对我校大学生思想政治教育状况进行了调研。我们发现，"您认为在大学里对您影响最大的人是谁？"这个问题提出后，49%的被调查者认为是"同伴"，选择"家长"或者"教师"的都只在10%以下，可见同伴思想观念的影响力已经远远超过了家长和教师的教导。

在调查研究和总结我院众多自我教育项目活动的基础上，一致认为"当前大学生班级意识淡薄，与辅导员、班主任和德育教师的接触不多；他们普遍住校，与家长思想沟通甚少。在这样的情况下，同伴们互相影响、互相教育是当代大学生获取德育知识的主要渠道"。在这个认识的基础上，我们提出并策划开展德育同伴教育。

政治与社会学院的德育同伴教育是从2004年开始，由青春健康同伴教育发展而来的。"德育同伴教育"是将"青春健康同伴教育"的方法和成功经验向德育教育领域转移得来的,是"同伴教育"的一般方法与德育教育相结合的产物。

二、德育同伴教育过程和方法

(一)活动步骤

(1)需求评估。同伴教育活动开展前组织样本群体学生填写《学生思想道德状况调查问卷》,对学生的思想政治状况有了初步的了解。问卷主要内容涉及价值取向、精神追求、人际关系、网络道德和婚恋观等大学生思想道德的各方面。

(2)制定主题活动计划。根据调查问卷整理的资料,从同伴群体的需求出发,按照同伴教育的模式,并阅读和借鉴相关活动资料,制定系统的专题活动计划,以期主题活动能有效地达成。如我院已经设计开展了"树立正确价值观,树立牢固诚信观""敬廉崇洁"廉洁教育等专题。

(3)挑选主持人并进行强化培训。我院挑选了一批思想素质高、能力强的学生担任主持人,负责相关的专题(以高年级学生党员、学生干部为主)。主持人除了向学生传递价值观、人际关系、敬廉崇洁、人生规划等方面的知识外,还需要负责团体氛围的营造、活动的催化、突发事件的处理及团队合作的强化。

在活动中,主持人采用"多聆听,少点评;多引导,少价值评判"的主持方式。为了保证主持人能更好地扮演团体领导者的角色,我们特地给主持人大量的准备时间,并运用自己整理的教案,在活动正式开始前举行了一定的演练,主持人的专题内容和教案都由德育教师、辅导员、班主任等安排和审核。演练和正式活动过程中,德育教师、辅导员、班主任进行现场指导,以保证同伴教育正确的教育方向和内容。

(4)招募组员。作为主题活动,从不同专业班级的学生组成一个团体即"同伴教育小组",增进各专业班级学生之间的交流,有利于开拓学生的思维,也让他们有机会到自己班级中开展同伴教育。同时说明活动的目的、时间、内容,让学生有更好的心理准备进入团体。

(5)活动评估。评估分为专题评估与终期评估;评估委员会由邀请的 2~3

位嘉宾组成（一般由德育教师和辅导员、班主任等组成）；评估委员会与学生两方面对专题活动进行考评，学生填写《德育同伴教育专题活动快速评估表》，嘉宾在专题活动结束现场点评；专题系列活动结束，有评估委员会对整个活动进行考评，并提出意见和建议；学生根据问题写活动体会。

（二）活动内容

德育同伴教育活动在我院全面铺开，得到大家的广泛认同，方法也不断完善成熟，教育内容更多地涉及思想政治教育的各个方面，如我院开展了"树立正确价值观，树立牢固诚信观"专题活动、"提高你的交际能力，完善你的人际关系"活动、"敬廉崇洁"廉洁教育主题活动、我们共同的理想——大学生职业生涯规划、"爱情免疫学"专题活动、"我爱我家"专题活动、"终极合作"专题活动等十余个专题。

（三）活动方法

每次教育活动人数控制在40名左右并分成若干小组，由学生自己讨论决定小组的观察员和记录员，每次活动中穿插"破冰"游戏、"优点轰炸""头脑风暴"、角色扮演、自由讨论和分享感受等小组工作形式。每个专题活动都安排一个主持人、一个记录员、一个观察员，调动现场气氛；以活动项目化模式来运作。

三、德育同伴教育特点和优势

（1）创新性。首先，德育同伴教育作为自我教育的一种形式，是大学生思想政治教育克服传统模式的弊端和应对新形势的选择。传统的大学生思想政治教育过分重视外部的社会教育而忽视教育对象的主体性，采用"灌输"、说教的教育方式，缺乏时代性、生动性和实效性，不利于激发大学生主动接受思想政治教育的热情；其次，同伴教育方法应用在德育教育中还是首创，是对当前传统方式开展德育教育的一次革新。

（2）主体性。德育同伴教育是在学生兴趣和需要的基础上，开展培训活动。在培训的课堂上主持人最重要的是充当引导者、调节者和激励者的角色，在场上的主角是学生。由学生自己制定"班级公约"，在规定时间内小组成员可以自由讨论，并到讲台上发表自己小组的看法。主持人只是聆听和总结，而不会对学生的发言作任何对与错的评价。学生还可以听到台上同伴不同的声音，而这些声音容易引起学生的内心共鸣。所以德育同伴教育回归了教育对象的主体性。

（3）实践性。德育同伴教育内容注重主体实践活动。主体实践活动是道德教育回归生活世界的主要途径。美国教育家杜威曾深刻指出："建立在个人经验基础上的教育，也许意味着比在传统学校任何时候曾经存在的成人和儿童之间的更复杂和亲密的接触，结果是更多而不是更少地受别人的指导。指导并不是从外部强加的，指导就是把生活过程解放出来，使它最充分地实现自己。"同伴教育安排的专题内容就是抓住了学生生活中关注的问题，让大家能敞开心扉地交流，真正把交流中正确的观点内化为自身思想。

（4）多样性。同伴教育方法始终贯穿PLA（参与式调查与研究）理念。在每个专题活动中都涉及"破冰"游戏、优点轰炸、头脑风暴、角色扮演、自由讨论和分享感受等多种活动形式，让学生体会到了快乐的课堂，同时增强了小组的凝聚力和信任感。

（5）相似性。同伴教育招募的学生都具有相似的背景、共同的经历，在同伴之间就更容易沟通，易产生情感的共鸣，又感觉非常有安全感。所以在活动中大家都能敞开心扉，发表自己的见解和看法。

四、开展"德育同伴教育活动"所取得的成效

德育同伴教育活动在我院开展以来，对我院学生思想政治教育产生了积极的作用，学生在妥善人际关系，树立正确人生观、价值观，加强专业学习等方面收获颇多。主要体现在以下几方面：

（1）德育同伴教育有力地促进了学生的全面发展。我们通过活动评估表和召开座谈会的方式从同学中搜集对活动的反馈。大家普遍反映班级凝聚力增强了，人际关系和谐了，学习更有动力了，对未来的职业有更好的定位了。大部分同学表示通过这一系列的具有针对性地德育同伴教育专题活动的开展，他们摆脱了进入大学初期的迷茫和彷徨，开始更多地思考自身的状况，更多地关注身边的人和事，更积极地面对人生，计划未来。对于很多的社会现象，贫富差距、贪污腐败、虐待老人、歧视农民工等这些都有了更加公正、全面和深刻的认识，不再单纯地同情、漠视、抱怨、愤怒，更多地体会到自己身上所肩负的责任，对自己的亲友、对社会、对国家的责任。

（2）德育同伴教育发挥了服务社会的功能。我院一直致力于将同伴教育与社会实践相结合，深入到农村、企业、街道、中学和兄弟高校中开展培训、宣传与调研等多种形式教育活动。形式新颖、丰富多彩、有趣有益的同伴教育活动及其初步成效已开始产生良好的社会影响，《中国教育报》《钱江晚报》《今日早报》《青年时报》、浙江电视台等媒体多次报道了我院此项工作。特别是以未成年人思想道德同伴教育为主要内容的赴淳安严家乡暑期实践小分队还得到中宣部、中央文明办、教育部、团中央等多家部门"全国先进团队"的表彰。

（3）德育同伴教育促进了新时期思想政治工作的理论探索。由于德育同伴教育是个新生事物，我们非常重视对其实践经验总结和思考，积极申报省、市、校各类思想政治理论研究课题，深入研究德育同伴教育，已有多篇文章在《中国德育》等国内公开刊物上发表。

五、对"德育同伴教育"活动的思考与设想

1. 德育同伴教育的关键点

（1）加强高校教师参与、指导德育同伴教育。德育同伴教育必须加强教师的指导，正确把握同伴教育主持人的引导方向。其互动模式除了同伴间的互动外，还应加强师生之间的互动、课堂内外的互动、各学科间的互动，要多管齐下来开展现代大学生德育同伴教育。

（2）长期地、持续性地、系统全面地开展德育同伴教育。德育同伴教育者在帮助同伴的同时，也感觉到自身的许多不足之处，从而进行及时的调整。因此，对同伴教育者的培训应是长期的、持续性的、系统全面的，而不只是在需要时才进行培训学习。受教育者也应将自己掌握的正确知识在同伴之间不断推广，使更多的人有机会参与同伴教育。

（3）开展德育同伴教育必须因人而异。德育同伴教育新颖、活泼、参与性强，受到了大家的欢迎，但由于学生的个体差异，还不能满足所有学生的需求。学校应根据需要在大学生思想政治理论课教学的基础上请专家开设讲座与咨询活动，让学生自由地、有选择地决定参加与否，尽量做到有层次、分阶段、由浅入深地向不同年龄、不同性别的学生开展更有针对性的教育活动。同时，学校应该让学生投入社会大课堂，在实践中感受社会、认识社会、适应社会，从而学会做人、学会求知、学会生存、学会发展，这也是学生接受德育的有效途径之一。

2. 开展德育同伴教育存在的问题

（1）德育同伴教育不能只停留在校园活动、培训层面，而应该与大学生思想政治理论课紧密结合；将德育同伴教育渗透到大学生思想政治理论课第一课堂、校园文化第二课堂和社会实践第三课堂中去。"如何有机结合，如何渗透"是需要我们继续探讨的。

（2）德育同伴教育目前以室内集中培训为主，学生涉及面还不够广，如何突破组织方式的局限性，将德育同伴教育渗透到各班级、各寝室、各学生社团，如学生寝室内晚上的"卧谈会"是同伴教育的良好时间和地点。

（3）德育同伴教育目前将社会工作的三大方法之一——小组工作的方法和PLA的方法应用到其中，但是还是方法单一，学生参与几次培训后兴趣有所减弱。如何将其他专业、其他学科的一些理念和方法应用到德育同伴教育中来是我们要继续探讨的。

02

| 文艺特色篇 |

以舞台延续课堂 用戏剧拓展教育

——人文学院"校园戏剧"文化项目

一、目标与思路

（一）工作目标

通过校园戏剧活动，强化学生的人文艺术素质教育，促进学生精神健康发育，促成心灵自由生长，激发生命活力，提升学生的审美能力、合作精神，改善心理素质；努力培养"文理渗透、艺体兼备，人文素养与科学精神和谐结合的合格人才"；深化我校"人文学堂、艺术校园"的办学特色。

（二）工作思路

（1）培育校园戏剧文化，提升文化育人功能。校园戏剧活动绝不是一种单纯的校园文化娱乐活动，我们更把它看作是学校特色育人的重要手段和载体，通过校园戏剧活动，使学生得到"润物细无声"的文化浸润，感受经典文化的魅力，以舞台延伸课堂，以戏剧拓展教育，培养身心健康、有热情、有创造力的新型人才。

（2）承继百年师大人文艺术教育底蕴，滋养校园戏剧。我校是一所具有百年深厚人文艺术积淀的学校，也是近代中国审美教育的发源地之一。先辈遗风，山高水长。在校园戏剧的开展过程中，我们重视挖掘学校的人文艺术历史底蕴，用宝贵的文化精髓滋养校园戏剧的生长。

（3）依托人文艺术学科优势，深化校园戏剧内蕴。我校学科门类齐全，人文艺术学科总体见长，校园戏剧活动的开展依托于我校省重点专业汉语言文学、省重点学科音乐学等优势学科和专业，确保了校园戏剧活动的专业性、文化性、前沿性。

（4）举办校园文化戏剧节和经常性的专场演出，扩大校园戏剧的影响力。我院坚持每年举行一届校园戏剧节，至今已经持续了二十多个年头，共二十九届，而经常性的戏剧排演活动更是不断，高比例的师生参与，已基本形成覆盖全校、影响深远、成效明显的校园文化品牌。

（5）培育校园文化活动品牌，守卫大学精神。校园戏剧以其低门槛、低成本、高亲和力易被大学生接受，便于推广。同时戏剧本身庄严、深厚、重思考、不拘成规、富于想象的特点非常符合大学校园的精神特质。在快餐文化泛滥的今天，发展校园戏剧还具有守卫校园精神的意义。

二、实施方法与过程

我校有悠久的戏剧传统。中国话剧的先驱李叔同先生就曾是我校前身浙江两级师范学堂的教师。以李叔同、姜丹书等为代表的我校早期艺术教师，大胆创新，敢为人先，为中国近现代艺术教育事业做出了杰出的贡献，也为我校留下了艺术教育的宝贵精神财富。

自1987年以来，我们一直在倡导和推动校园戏剧工作，三十年来取得了突出的成绩。其实施方法与过程为：

1. 在活动开展的层面上，普及性与提高性相结合

（1）注重活动的普及性。我们推进群众性的戏剧活动，作为校园戏剧活动的基础，这一层面的活动不设门槛，鼓励所有的学生上台表演或参与幕后工作，每年举行以班为单位的"戏剧节"活动，至今共主办了29届，排演剧目达到300多出，涉及十多个学院，直接参与过表演及幕后工作的人数近9000人。

通过这一层面的工作，校园戏剧发挥了它最大的辐射效应，同时也通过这一层面的工作，使普通学生走近戏剧，了解戏剧。每年，我们都在学生中征集遴选剧本，然后聘请专业教师一起进行讨论修改，待剧本修改成熟后，由各班自行组织剧组进行排演，并通过定期组织的活动、举办的比赛互相交流提高。

在整个过程中，鼓励学生发挥他们的想象力和动手能力，除了剧本的写作外，也通过自制道具、舞美灯光的自行设计等，参与了解了话剧创作演出的整个过程。与此同时，这一过程的体验，也进一步促进了班级的凝聚力和班级成

员之间合作意识的形成。更重要的是,当一个完全没有表演经验的同学登上舞台的时候,他实际上就完成了一次对自我的挑战和超越。

(2) 提高性的社团戏剧活动。1996年我们成立学生"流霞剧社",剧社成员的招收面向各专业的学生,加入剧社须经一定考核。剧社分表演组、创作组和剧务组,每周定期活动。剧社由热心于校园戏剧工作的教师担纲指导,并聘请省内的戏剧专家做艺术顾问。剧社每年推出新创剧目,对内参与各种文艺演出和戏剧专场演出,对外代表学校参与文化交流及各种类型的戏剧比赛。

两个层面的活动相互依存,相互促进。普及性的群众戏剧活动是基础,为社团戏剧活动发现人才提供平台。同时,普及性的群众戏剧活动也是我们推动校园戏剧的真正意义所在。我们认为校园戏剧对学生的意义不在戏剧本身,它的真正意义在于锤炼学生的心智,在于对学生学习生活构成良性影响,它是学生四年大学教育的一部分。普及性的群众戏剧活动门槛低,参与面广,能使很多以前没有接触过戏剧的学生享受到戏剧所带来的快乐,能在更大程度上实现戏剧育人的理念。

2. 在排演剧目的选择上,经典作品与原创新剧相结合

(1) 演绎经典。近三十年来,在学校的戏剧舞台上上演了《雷雨》《日出》《家》《恋爱的犀牛》《哈姆雷特》《奥赛罗》等一大批中外经典剧目。学生在课堂里、在书本上接触到的经典作品,是作为一种知识而存在的,往往流于概念;而当他们亲身参与或观看了演出,必然是带着情感与作品中的人物产生共鸣,这时,经典对他们来说就是生动的、丰富的、可感的,因而也是亲和的。

(2) 注重原创。另一方面,我们又十分注重原创剧目。这不仅因为通过原创可以激发学生的创造力、想象力,使得他们因参加戏剧活动,心智更为活跃;而且,作为戏剧的一个独特类型,校园戏剧应该具有与主流戏剧和商业戏剧不同的精神色彩,它应该更大程度地反映出校园人独特的思想内蕴、价值操守和审美情趣,它应该成为大学精神的代言人和守望者。学校在校园戏剧活动的评选中,剧本是否原创,参与人数是否众多都成为重要的评分要素。我校原创戏剧作品《掠过山冈的清风》《虚拟爱情》《易水寒》《风雨沧浪湖》《暴风雨来临的夜晚》《西泠守望》等已成为我省乃至全国校园戏剧的经典代表作品。

3. 在活动的推进上，热情的参与和制度的保证相结合

近三十年来，我校的校园戏剧活动的开展是源于学校深厚久远的历史文化传承和师生对于戏剧艺术执着的热情，这种热情是维系我院校园戏剧活动开展的原动力。而随着活动影响力的不断扩大，戏剧育人功能的深入显现，这一活动也日益引起了学校领导的重视，出台了一系列保障性的制度，并在资金、场地等多方面进行了扶持。目前，我校校园戏剧活动有专门的演出、排练场所，有固定的道具和服装，有较为充分的资金保障；对校园戏剧所取得的成果，学校通过科研奖励的形式予以鼓励和褒奖；剧社建立了自己的章程，有较为规范和完备的管理制度。

三、工作成效与取得的经验

（一）校园戏剧的文化功效

（1）激发了创造性。戏剧是一个自由的天地，虚拟的时空、奇特的想象，永远是变化的、开放的，总是充满了各种各样的可能性，给每一个参与者都提供了自由、广阔的创造空间。学生在舞台上，愈是异想天开，就愈能产生新的创意。这种"突破成规"的快感与现实中必须严守各种规则构成了鲜明的对比。学生在现实中被压抑的热情和想象力通过他们所钟情的舞台获得了释放。因此，校园戏剧对当前学校教育过度强调规范，强调监控的偏失具有制衡意义，对培养学生精神健康发育、促成心灵自由生长、激发生命活力都有十分重要的正面价值。

（2）提升了审美能力。在传统的教育中，艺术往往是作为知识来传递的，往往失之于概念化，不能让学生有切身的感悟。而艺术的欣赏是必须有赖于人的感性直觉的，感性经验缺席的概念认知不能称作"审美"。艺术是人类情感的符号，是心灵的回响，唯有通过心的感悟、情感的共鸣才能对我们的生命发挥作用，才能实现它的特殊价值。正如马尔库塞所说："艺术的根基在其感性中，人类自由就根植于人类的感性之中。"戏剧活动则给学生提供一个感性体悟的平台。而这种感性体悟恰恰是我们传统课堂中缺失的。

（3）开阔了人生境界。体悟一个角色实际上就是体悟一种情感，而角色塑造的成功与否关键是体悟的情感能达到什么样的深度。所以学生一方面在演戏，

一方面也在认识社会人生，不仅认识到社会生活的广阔、人生的瑰丽多姿，还能认知人的心灵所能抵达的深度，这种学习就不再是单纯的知识积累，还是一种情感的磨砺，使学生对社会人生的认知不再流于表面和概念，而有更进一步的洞察。对精神处在发育过程中的学生来说，这样的一种业余生活，无疑使他们更有可能成为一个有人文关怀的、精神健康、人格健全的人，更有可能成长为一个理想主义者。

（4）培养了合作精神。戏剧是一种群体合作的艺术，一个戏从编创、排练到正式演出的过程就是一个众人齐心合作的过程，只有编剧、导演、演员、舞美、音效、灯光等协调一致才能确保一出戏的成功。再优秀的演员只有在这种协调关系中才能充分展示自我。因此，戏剧排练的过程就是演员个体不断自我调整的过程，也就是不断学习人际协调的过程，而且演员的表演也不是单纯的自我表现，而是一个在与对手的交流中不断调整自我的情绪状态的过程，一个演员必须在充分察知对手情感的情况下才能准确地演好角色。这种训练必然会对学生产生良好的影响，帮助他们建立一个社会人应有的一种意识，只有与他人充分协调，才能更好地表达自我。

（5）改善了心理结构。当一个从没登过舞台的同学第一次登台表演的时候，他实际上就完成了对自己的挑战，克服了自卑。通过多年的实践我们发现，戏剧活动的确能使一个自卑的人变得自信，一个冷漠的人变得热情，一个自我封闭的人变得能融合他人。学生在社会生活中受到的压抑或不快很容易在舞台上得到宣泄，紧张情绪得到有效缓解。

（二）获奖情况

创作短剧《掠过山冈的清风》获市文联主办在杭高校戏剧小品大赛一等奖和优秀创作奖；1997年获文化部"群星奖"优秀剧目奖；1999年获教育部"中国大学生艺术节"戏剧比赛一等奖、优秀指导教师奖；

创作四幕话剧《风雨沧浪湖》获市文联主办的在杭高校戏剧小品大赛一等奖和优秀创作奖；1998年获浙江省文联主办的浙江省剧本大奖赛优秀剧本奖（最高奖）；

创作短剧《虚拟爱情》2000年获教育厅主办的浙江省高校戏剧小品大赛一等奖和优秀创作奖；2001年获中国文联"中国曹禺戏剧奖"二等奖、创作奖

（这是全国高校非专业戏剧第一次在这个奖项中获奖），2002年获浙江省第九届戏剧节"优秀剧目奖"（最高奖）、优秀创作奖、导演奖；获杭州市"五个一工程奖"；

创作戏剧小品《昙花盛开的晚上》，2002年获浙江省第九届戏剧节"剧目奖"；

创作戏剧小品《生存还是毁灭》，2004年获浙江省教育厅"高校文艺汇演"一等奖；

创作戏剧小品《孩子长大了》，2004年获团省委、教育厅主办的浙江省高校戏剧小品大赛一等奖和最佳编剧奖；

创作戏剧小品《是非电视》，2004年获团省委、教育厅主办的浙江省高校戏剧小品大赛一等奖；2005年获教育部"中国大学生艺术节"小品类三等奖；

创作短剧《暴风雨来临的夜晚》获市文联主办"2006在杭高校新剧目汇演"一等奖。

2004年，"流霞剧社"原创的《易水寒》《虚拟爱情》《是非电视》三个剧目参加了"第七届中国艺术节·大学校园戏剧专场"展演，这是大学校园戏剧第一次亮相代表国家最高水准的"中国艺术节"。

2007年，创作大型原创剧《西泠守望》在学校公演多场。2008年，《西泠守望》获在杭高校大学生戏剧节原创节目一等奖，最终代表浙江省参加首届中国戏剧奖·校园戏剧奖的决赛，并获得优秀剧目奖。

2008年，原创心理剧《谁说你别无选择》获杭州市高校心理剧汇演第二名的好成绩。

我院戏剧活动指导教师黄岳杰副教授自1987年以来一直坚持校园戏剧的创作和推广工作，创作并导演了一批很有影响的校园戏剧作品，成绩突出，近年来不断得到表彰：

2003年获杭州师范学院"教学十佳"称号；

2003年获"杭州市教育系统优秀教师"称号；

2005年获团省委"浙江省优秀社团指导教师"称号；

2006年获教育工会"浙江省三育人先进个人"称号；

2006年获省教育工委、教育厅首届"浙江省高等学校育人奖"；

2007年获杭州师范大学"师德标兵"称号；

2008年原创剧目《西泠守望》参加首届杭州大学生话剧节，获原创一等奖。

2008年原创剧目《西泠守望》获中国文联"中国戏剧奖·校园戏剧奖"的优秀剧目奖、优秀表演奖、优秀组织奖、舞美设计奖。该奖项是中宣部批准的国家级文艺常设奖项，是目前唯一由国家设立的校园戏剧最高奖。

2008年原创心理剧《谁说你别无选择》参加杭州市属高校大学生心理剧汇演获二等奖。

2008年剧社获"浙江省高等学校优秀学生社团"荣誉称号。

2009年原创心理剧《谁说你别无选择》在杭州市高校大学生心理情景剧大赛获一等奖，该剧剧本入选香港高中戏剧教材。

2011年原创心理剧《你的心里有几个声音》参加"'5·25'我心飞扬"大型心理健康教育活动、下沙高教园区心理舞台剧汇演，获一等奖。

2011年原创剧目《小河淌水》获浙江省大学生艺术展演一等奖、优秀指导老师奖。

2011年11月至2012年10月翻排台湾著名戏剧家赖声川的《暗恋桃花源》，参加"高雅艺术进校园"活动在杭州各高校内进行巡回演出，受到了各个高校的好评与极大的关注。

2012年原创儿童剧《月光照我成长》参加杭州市新剧节目汇演，获优秀节目奖、优秀导演奖。

2013年5月排演毕业大戏《我和我和他和他》，在下沙校区和文一路校区分别上演，感动无数师生的心。参加"高校剧社进杭图项目"，在杭州图书馆进行校外演出，获得钱江晚报等媒体的广泛报道。

2013年11月原创公车剧《妈，您好》获浙江省大学生艺术展一等奖、优秀创作奖和优秀指导老师奖，并获得杭州师范大学"师大荣光"。

2013年12月至2014年4月翻排台湾著名戏剧家赖声川的《十三角关系》，分别在仓前校区和下沙校区上演，受到广大师生的一致好评。2014年4月《十三角关系》参加"华文戏剧节"，超过两百名来自大陆、台湾、香港、澳门以及其他国家的戏剧专家学者和戏剧界代表前来观看，获"优秀校园戏剧奖"。

2014年5月排演毕业大戏《雷雨》，在仓前校区和下沙校区分别上演，盛况空前、广受好评、一票难求。6月在杭州胜利剧院举办校友专场，受到广大校友的高度评价并获得《青年时报》《钱江晚报》《浙江日报》等媒体的广泛报道。

2014年排演话剧《开门》获浙江省大学生艺术展演三等奖。

2015年排演毕业大戏《暗恋桃花源》，在仓前校区和下沙校区分别举办校友专场，盛况空前、广受好评、一票难求。5月24日参加"浙江省首届大学生戏剧周"，剧目在浙江话剧艺术剧院上演，受到广大观众的一致好评并获得《中国日报》《钱江晚报》浙江在线、中国教育在线等媒体的广泛报道。演员方媛获"我最喜爱的高校戏剧咖"。

另外，我们开设有《戏剧实践》《戏剧概论》《戏剧美学》《中国现代戏剧史》《中国古代戏曲》《戏剧欣赏》等课程，出版有《黄岳杰戏剧作品集》、《花开的季节》等戏剧作品集。我们以中小学为基地开展调研工作，已经完成了题为《非专业戏剧在基础教育中的作用》的省级课题，力图推动戏剧教育进入基础教育之中。2007年，以流霞剧社为主体的我校校园戏剧活动获得了教育部校园文化优秀成果二等奖。

（三）服务地方文化发展

我们的校园戏剧活动培养了一批有一定表演基础的学生，他们经常到社区、小学、中学和附近高校为别的戏剧爱好者排练戏剧，为地方文化发展和社会进步做出了积极贡献。近年来的这一方面的主要工作如下：

赴淳安县山下乡为当地村民演出《掠过山岗的清风》；

参加浙江省"纪念田汉诞辰一百周年"活动，演出田汉名作《梅雨》；

参加教育部与中央电视台联合主办的"纪念中国师范教育100周年"文艺晚会，节目在央视1套、2套、4套播出；

社员为杭州海关文艺晚会提供策划、创作和指导；

社员为杭州市供电局文艺晚会提供创作和指导；

为团省委西部支教演讲团提供指导；

为浙江大学、浙江师范大学幼儿师范学院师生演出四幕话剧《风雨沧浪湖》；

排练多幕实验话剧《恋爱的犀牛》，在下沙高教园区巡回演出十一场；

为浙江师范大学幼儿师范学院、浙江财政学院、浙江工商大学、浙江理工大学、杭二中等学校剧社排练短剧《虚拟爱情》；

为浙江工商大学、杭州第十四中学排练话剧《雷雨》；

为建德严州中学分校排练话剧《保尔·柯察金》；

为杭州开元职高排练话剧《滕王阁》；

为杭州中策职高排练话剧《掠过山冈的清风》；

为浙江工业大学、杭州外国语学校、杭州师范大学附中排练历史剧《易水寒》提供指导；

为中国美术学院排练《是非电视》；

为浙江财经学院创作排练《天上掉下的馅饼》《导师的一天》

(四) 校园戏剧的辐射力

我校校园戏剧影响还通过一届届毕业生得到辐射，我们是师范院校，学生毕业后大都从事中学教育工作。那些在校期间受过戏剧熏陶的学生，到了中学以后就在那儿组织学生剧社，开办戏剧讲座，排练各种样式的戏剧，把他们在校期间习得的人文理念和对戏剧的爱好传承给他们的学生。在近年来市中学生戏剧比赛中获奖的节目大多是我们的老社员或参与过戏剧活动的毕业生创作指导的。

校园戏剧活动对处于精神发育阶段的学子构成了磨炼、激励和提升作用，成为他们大学生活中最难忘的记忆。原剧社成员物理95级周岷、中文99级王婷分别夺得全国教师基本功大赛一等奖；原剧社成员喻宵骐、周慧、高宏毕业四五年后就已是"杭州市教坛新秀"；近年以来，剧社有田一苗、姚争为、汤丽拿、王曼舞、吴珏辉、郑威、郑悠扬、吴晚萍等多人次考上了硕士研究生，田一苗、姚争为还考上了博士研究生。就读于韩国中央大学电影系研究生的郑威，他的电影作品已经参加了国际电影节。在校期间经常参加戏剧活动的89届毕业生、联梦CEO徐汉杰，92届毕业生、杭州天畅CEO郭羽已是全国IT行业中很有影响的人物，谈起他们的大学生活，都对校园戏剧曾对他们的创造力的培养、自信的建立记忆深刻。

校园戏剧通过进社区、进城市公共空间建立和城市文化的联系，对城市文化构成影响。剧社学生曾于母亲节在公共汽车上上演实景戏剧，提醒市民记得问候自己的母亲。这件事后来又被改编成一出短剧,并在浙江省大艺展中获得一等奖,后来又作为一个典型个案,在全国美育工作会议作了介绍。另外,那些在校期间受过戏剧熏陶的学生,到了中小学工作岗位后,就在那儿组织学生剧社,开办戏剧讲座,排练各种样式的戏剧,把他们在校期间习得的人文理念和对戏剧的爱传递给他们的学生,让校园戏剧在中小学生根发芽。

(五)社会影响

我校校园戏剧活动已取得了广泛的影响。新华社、《浙江日报》《杭州日报》《都市快报》《今日早报》《青年时报》、浙江电视台、杭州电视台、《戏文》《大舞台》《今日青年》等省内各主要媒体都做过我校大学校园戏剧开展情况的报道和黄岳杰老师的专访。在2006年3月召开的杭州市文代会上,王国平书记在报告中专门对校园戏剧工作取得的成绩给予了充分肯定,并对黄岳杰老师给予了点名褒奖。2006年杭州市文化蓝皮书中,对我校校园戏剧活动作了大篇幅介绍,并充分肯定了我校校园戏剧的发展方向。中国教育新闻网不久前发表文章"中国高校优秀话剧社团不完全记录",列举了全国六个高校优秀话剧社团,我校"流霞剧社"名列其中。

校园戏剧二十八年,涌现出了黄岳杰、黄爱华等许许多多校园戏剧的优秀指导老师,他们把校园戏剧的文化传承由校内延伸到校外,让我校的校园戏剧感染更多的人。2004年,我校在杭州市大关小学建立"基础教育实验基地",在全国率先从事中小学戏剧教育实践与研究,开创性地提出学科性戏剧教育、渗透性戏剧教育、活动性戏剧教育三种中小学戏剧教育实践模式,指导大关小学举办五届校园戏剧节。黄岳杰老师主持的《用舞台延续课堂 以戏剧拓展教育》教改项目获得中国高等教育协会艺术教育成果二等奖。黄爱华老师主编出版的《探索与实践:新课程改革背景下的戏剧教育》被教育专家称为"开创了我国在基础教育中开展非专业戏剧教育实验研究的先河",论文《学校戏剧教育的基本理念及其实践构想》,在中国教育学会第22次全国学术年会论文征集和评选活动中荣获一等奖。

(该项目荣获2007年教育部校园文化优秀成果二等奖)

承传统文化十载熏陶　强五万学子"六艺"技能
——教育学院"六艺节"文化项目

《周礼·保氏》有曰："养国子以道，乃教之六艺：一曰五礼，二曰六乐，三曰五射，四曰五驭，五曰六书，六曰九数。"这是中国古代儒家教育要求学生掌握的六种基本才能：礼、乐、射、御、书、数。

日往月来，世易时移。杭州师范大学教育学院汲取传统儒学教育"知能兼求"的精髓，立足提升师范生教师技能水平，发掘传统教育理念，加强艺术教育改革，倡导并推行以"说、唱、弹、舞、书、画"为主体的新"六艺"，赋予"六艺"新的内涵和形式。"六艺节"历经十一年，精心打造，受益学子已超过50000人。从这里走出了上百名优秀特级教师、小学校长（园长），教育管理干部。"六艺节"已成为杭州师范大学特有的校园文化品牌和"立师德，养师风，练师能，铸师魂"的有效载体。

传承国学，弘扬优秀传统文化

建校百年，杭州师范大学教育学院不断将历史文化内涵和现代办学理念相结合，围绕"人文学堂，艺术校园"的办学特色，不断探索优秀传统文化的传播与发展。近年来，学校重视校园文化与中华传统文化的紧密结合，"北极星"朗诵赛、校园戏剧等分别荣获教育部校园文化优秀成果一、二等奖等。学院亦全面发挥了学科优势，继承历史积淀。目前，学院紧紧依托1997年成立的弘一大师·丰子恺研究中心，开展校史校情展示厅、弘一大师·丰子恺成就展及

"弘丰讲堂"载体,为"六艺节"的持续成功开展提供了坚实的物质基础和学术保障。围绕"六艺"发表的科研论文已达10余篇,申报省、市、校级课题10余项,由原副校长丁东澜牵头,出版《人文学堂 艺术校园》专著一部。

在"六艺节"的活动项目中,"妙笔生花"书画大赛设立软笔、硬笔书法、中国画等比赛内容,引导学生感受中国书法绘画艺术;"匠心独具"手工大赛,将剪纸、泥塑、雕刻、十字绣等囊括在内,让中国优秀传统文化焕发出勃勃生机;"舞艺惊鸿"舞蹈大赛中,新疆维吾尔族、云南傣族等民间舞曲广受欢迎;而在"余音绕梁"器乐大赛中,古筝、琵琶、二胡、葫芦丝、笛箫等传统民乐也备受推崇。

在为学生搭建一个传统文化、民间技艺展示与比武舞台的同时,活动内涵也在不断丰富和扩展,"六艺节"系列活动逐步与师德师礼相结合,与班集体建设相结合。同时,开展"六艺节"也成为助推国学、增强班集体建设、培育集体凝聚力的一个重要手段。十年来,"六艺节"系列活动主题鲜明,特色明显,贴近校园、贴近学生、贴近生活,注重对传统文化的发掘与传承,充分体现了时代精神和传统文化特色,在广大师生中有着深远的影响,深受师生的好评。

强化素养,推动校园艺术教育

学校历史上涌现过李叔同、姜丹书、顾西林等著名艺术教育家,曾培养出驰名海内外的刘质平、丰子恺、潘天寿等音乐家和美术家。"提高艺术素养,推动艺术发展,普及艺术教育"一开始就成为举办"六艺节"活动的初衷。

"六艺节"系列活动的推进和实践,繁荣了校园文化。每年活动的举办,直接参与人员达到1200余人,并吸引全校师生驻足观看。接受艺术熏陶的师生群体十年来已达到5万余人。与此同时,学院还通过艺术活动进社区、进校园等活动倡导,辐射全省乃至全国,向社区居民、企事业单位、中小学生群体等奉献了一台台精彩演出,让广大人民群众接触艺术、了解艺术,推动了艺术的传播和发展。截至目前,艺术活动进社区活动已开展20余次,举办演出展览50余场,"六艺节"活动也因此被《杭州日报》《钱江晚报》等多家媒体单位予以报道。

艺久弥新。每年的"六艺节",是全校师生的盛大节日。这是文化的累计和质变,蕴涵着深刻的价值内涵和情感内涵。它逐步成为一种品牌,成为一种价值观、一种品位、一种格调、一种生活方式,反映了高校师生共同的价值观念、生活态度、审美情趣、个性修养和文化品位。它的独特魅力就在于:它不仅仅提供给学生某种平台,更帮助学生去寻找心灵的归属,享受艺术的体验,感受人文的气息,放飞人生的梦想。这是对文化艺术的承续,也是对文化艺术的礼敬。

立足专业,凸显师范教育特色

学院依托"六艺节"这一平台,以合唱比赛、说课大赛、虚拟课堂评比、舞蹈比赛、器乐比赛、书画大赛等形式尽显学生风采,让全校学生接受艺术的熏陶,感受人文的气息,展示学生"说、唱、弹、舞、书、画"六艺技能,达到"搭平台练师能,重实践筑师魂"的效果。

每年一届的"六艺节",延伸了学生的第一课堂,不仅丰富了学生的课余生活,更让学生在活动中不断提高教师技能,增强其专业认同感。学院依托"六艺节"平台,培养了一大批知识面广、专业基础扎实、教师职业技能优秀的毕业生。毕业生们纷纷感慨,"六艺节"为他们带来了极大的积极影响,使他们能够很快在新的工作岗位上脱颖而出、出类拔萃。据不完全统计,全校仅杭州市区的校友有近百余人担任教育局领导、小学校长(园长)、教研员等,特级教师、省市区教坛新秀更是硕果累累。在2015年底举行的全国师范院校师范生教学技能竞赛中,全国62所师范院校260余名在校大学生参加了此次比赛。我校共派出6名学生参赛,全部获奖,其中4位同学获得一等奖,2位同学获得三等奖。

(该项目荣获2014年由教育部和《光明日报》社联合主办的"礼敬中华优秀传统文化"特色展示项目)

品牌领航　>>>

传播中华武术传统文化　孕育扬文举术体育新人
—— 体育与健康学院"武状元"大赛

一、目的和意义

武术是中华民族的传统文化，不仅具有丰富的内容体系、独特的健身方法，更浸透了中华传统文化和价值观等诸多社会文化形态的影响。杭州师范大学的"武状元"活动始于2002年，从最初的以武会友、技能比武，到目前成为传播民族文化的重要平台，14年来通过历届"武状元"活动的组织，普及武术文化、教授武术课程，丰富校园武术文化，传播民族传统文化，从而全面提升自我综合素质。

（1）"武状元"是校园体育文化建设的需要。"武状元"是校园体育文化一道亮丽的风景线。武术有着悠久的历史与自身独特的文化特征，它丰富多彩的运动形式，不仅具有强身健体，竞技休闲，文化娱乐的作用，更具有极高的艺术价值、娱乐价值、经济价值、教育价值。校园体育文化主要体现为民族传统体育文化与现代体育文化的有机结合，保护和传承民族传统体育文化是高校体育教育的责任，也是培养大学生民族精神和民族气节的重要环节，对推动校园体育文化建设具有重要的作用。体育与健康学院"武状元"品牌活动，正是将武术文化建设传承发扬的一大特色活动。

（2）"武状元"是全面提升大学生综合素质的需要。武术根植于民族大众，具有天然的群众性和普及性，具备培养民族精神的独特优势和价值。"武状元"活动，在高校传播武术文化，对增强学生集体荣誉感和自强不息精神，培养大学生综合素质，尤其是对培养学生民族精神起到了重要的积极作用。

(3)"武状元"是学校全民健身活动的需要。学校是武术文化传播的重要基地,学生对武术充满热情。开展"武状元"活动,让学生在武术活动中抒发情感、发掘能量、增强信心、享受快乐。同时,武术也逐渐成为学生强健体魄、沟通情感、增强集体凝聚力和青春活力不可或缺的重要内容,也是开展学校全民健身活动和构建和谐校园的必然需要。

(4)"武状元"是打造学校特色校园体育文化品牌的需要。"武状元"活动,结合高校校园体育文化的特性,积极推广武术文化。以武术协会为依托,通过课程普及、展示演出,打造学校特色校园体育文化品牌,推进武术文化在学校的可持续发展。

二、特色和创新

(1)依托专业优势,将授人"鱼"和授人"渔"相结合。杭州师范大学设有武术与民族传统体育专业,有资深的专家教授,120多名自小从事武术训练的学生,其中武英级运动员3名、一级运动员20名,这些都为"武状元"活动的开展提供了保障。我们的"武状元们"不仅自己拥有较强的专业能力,更具备了传授和普及民族传统文化的能力。他们通过开设公开课程,担任其他院校的武术小教练,积极普及和传授民族传统体育文化,同时通过各种平台,开展各类文艺演出,宣扬中华民族的传统文化,浓厚的校园文化氛围,在学校的校园文化中注入不可或缺的阳刚之气。

(2)依托社团建设,将普及课程和传播文化相结合。"武状元"品牌活动以武术协会为依托,普及传统武术文化。杭州师范大学武术协会是全国优秀大学生国学社团、中国武术协会专业性一级会员单位、浙江省十佳社团、杭州市优秀体育社团。1997年,一群爱好武术的学生,成立了学生社团组织——杭州师范大学武术协会,开始了武术的学习和交流。至今,协会会员累计达4000余人,会员覆盖学生、一线教师、行政管理人员和后勤服务人员等。"武状元们"积极参与各类社会实践,开展公益课堂和公益展演,旨在向大众普及、推广和传播民族传统文化。

(3)依托各类赛事,提升学生专业技能和综合素质相结合。全国武术锦标赛、民族运动会、浙江省竹竿舞大赛、全国名校龙舟赛等,这些大型的武术比赛，我们的"武状元们"都积极参与其中。在过去的一年里，武术比赛获得国家级荣誉 15 项，省级荣誉 30 余项，这些比赛保障了校园武术文化活动热烈扎实、健康持久地开展。同时，"武状元们"积极面向全体非专业学生开展"武状元大赛"，并策划、组织和开展"武状元大赛"，承担了整个活动的教练、裁判和各种后勤等保障工作。在活动中，"武状元们"的领导能力、组织管理能力、沟通协调能力等也都得到了全面锻炼和提升。

三、"武状元"品牌活动创办历史，举办情况及素质教育育人效果

（一）"武状元"历史演变历程

第一阶段："以武会友"的校园文化活动。1997 年，为了满足广大武术爱好者的习武需求，杭州师范大学成立武术协会，由武术教师和具有武术功底的学生担任小教练，设立武术社团课，满足会员的习武需求。2002 年，累计在校会员 500 余人，为了增加会员间的交流，提高学生的习武兴趣，传播积极、乐观的校园体育文化，武术协会举办了第一届"武状元"大赛，志在"以武会友"，通过"武状元"，增进和交流会员的友谊，展现武术的魅力，扩大民族传统体育文化的影响力。

第二阶段：开展提升专业学生技能水平的重要赛事。2002 年，学院设立武术与民族传统体育，2003 年开始正式招生。在随后的几年里，大量专业武术运动员的加入，增强了武术协会的实力。而"武状元"比赛的内容也发生了变化，从最初的"以武会友"逐步扩展成为专业学生技能比武的重要平台，"武状元"大赛，一方面作为考核专业学生技能水平的达标测试；另一方面，会员通过与专业学生的交流、切磋，在提高技能中更增加了对于武术的热爱。武状元大赛的参与人数、校园文化品牌的影响力和赛事的组织内容都在进步，品牌的效应逐步形成。

第三阶段：高校民族传统体育文化的传播平台。2010 年，"武状元"翻开了崭新的一页，9 岁的"他"，走出师大校园，面向各大高校，开展高校间"武状元"大赛。各高校的武术爱好者共举"武林大会"，增加了各高校学生的武术交流和文化传播。"武状元"的活动内容增设了更多的传统文化板块和交流论坛，开展"武状元"风采评比、"武术文化节"、"古代服装 show"、英雄人物画

报赛、闻鸡起"武"等活动。从最初的几百人到现在的上千人参与,"武状元"已成为高校民族传统体育文化的重要传播平台。

(二)"武状元"活动内容框架

1. 会员课程类

(1)会员课程:主要有各类棍术、刀术、太极拳、散打、跆拳道、女子防身术等。

(2)名师讲坛:邀请国内武术大师和武术冠军来校与学生面对面开展交流,讲座等活动。

(3)交流研讨:选派会员参与国内外武术论坛和各类武术文化活动。

2. 社会展演实践类

(1)展演类:推选"武状元"优秀节目,参加各类演出和展演,例如迎新晚会、新年晚会、校庆、高校巡演、走进后勤、走进社区、走进敬老院等等。每年展演不少于50场。2013年"武状元"团队受美国孔子学院的邀请,赴美国宣传和展示了中国传统体育文化。

(2)实践类:通过二类学分和实践积分制,会员利用寒暑假和周末等课外时间,积极组织社会实践活动,走进山区和西部偏远地区,开展各类公益平台实践,如赴长兴暑期社会实践、海外华裔青少年中国寻根之旅夏令营、格畈社区服务小候鸟社会实践等。

3. 举办"武状元"大赛

(1)传统项目类:主要包括传统武术项目,刀、枪、棍、棒、拳、太极等等个人和集体项目的竞技比赛。

(2)文化传承类:包括"武状元"风采评比、"武术文化节""古代服装show"、英雄人物画报赛、闻鸡起"武"等项目。

(3)竞艺大赛类:使用各类武术流派的技术及动作,借助各种艺术表现形式,用生动的舞台叙事把中华民族的传统武术文化展现出来,类似"武侠剧"的形式,更是充分地展现了当代大学生的风采。

(三)"武状元"的成效显著

(1)竞赛成绩优。"武状元"品牌活动,培养了武术爱好者万余人,二级以上运动员400余人,以"武状元"品牌为依托,同学们走出学校、走进社区、走进大中小学、走进企事业单位展演近1000次，到中小学开展开设各类棍术、刀术、太极拳、散打、跆拳道、女子防身术等公开课程1500余学时，受众学员上万人次。特别是2011年至今，"武状元"们参加全国及省市各类武术比赛120多人次，获金牌29枚、银牌32枚、铜牌58枚。"武状元"活动的开展，锻炼了学生组织的组织管理能力、沟通协调能力，全方面地提升了学生的综合素质。2014年，汪翔同学被评为全国优秀团员，邹蕾蕾等5名同学被评为杭州市优秀团员，主办"武状元"的武术协会，2015年被团中央评选为全国优秀国学社团。培养出的毕业生踏入社会后，在教育、创业等领域中也已崭露头角，实现人生价值。

（2）品牌效应好。2013年"武状元"团队受美国孔子学院的邀请，在7个孔子学院中走访交流，演出9场，场场反响热烈。各孔子学院院长和外国友人纷纷表示对中国武术和中国传统文化的兴趣和喜爱。2014年学校成立校园民族传统体育文化传播基地，全方位立体式地保障了民族传统文化的继承与发展。

2015年，依托武术协会的"武状元"品牌活动，由浙江省团委办杭师大承办的浙江省高校大学生"武状元"武术竞艺大赛，来自全省23家高校组织的25支队伍，200余名运动员齐聚杭师大，共襄"武林"盛举。本次比赛除了太极拳、传统拳、传统器械、跆拳道等传统的个人竞赛项目外，更有看头的是武术集体"竞艺"比赛。大赛要求每个参赛队伍以"践行社会主义核心价值观"为主题，使用各类武术流派的技术及动作，借助各种艺术表现形式，用生动的舞台叙事把中华民族的传统武术文化和社会主义核心价值观有机地结合起来。这种类似于"武侠剧"的比赛形式，极大地激发了大学生们的创作兴趣，将艺术表演与武术相结合。各校精心设计的节目，带给了现场1000余名观众一场中国传统文化的视觉盛宴。

（3）社会关注高。"武状元"继承和弘扬中华武术精神，通过文化熏陶和自身实践，传播中华武术传统文化，践行社会主义核心价值观，也因此得到《杭州日报》《青年时报》《钱江晚报》和《浙江共青团》等多家媒体和网站的报道。武术协会也成了全国优秀大学生国学社团、中国武术协会专业性一级会员单位、浙江省十佳社团、杭州市优秀体育社团。

四、加强保障条件，健全可持续发展机制

（1）保障良好环境和条件，确保校园武术文化的传播。学校历来重视继承和发扬中华传统文化，从政策和经费两方面保障传统文化发展的需求。为加强大学素质教育，推动武术文化传播，2014年学校设立"校园民族传统体育文化传播基地"思政特色项目，全方位立体式地保障了大学素质教育的推广和民族传统文化的继承与发展。学院保障经费，开设中国武术名师讲坛。大师们的讲学，谈古今，论中外，结合自身习武经历，把同学们对武术的单纯热爱，引领到弘扬传统文化、为国争光的层面上。

（2）组织机构健全，管理规范，确保校园武术文化建设的有效发展。学校成立学校体育运动委员会，全面负责学校群众体育工作，体育活动的蓬勃发展。体育学院结合学院特色专业，提出强化学校武术育人功能和武术特色的目标，明确武术在学校体育教育中的地位，逐步形成学校校园武术文化传统。学院聘请国家级武术裁判、全国武术冠军王晓燕副教授担任武术协会和"武状元"活动的指导老师。从制度、平台、师资队伍和经费等多方面保障各项活动的开展。目前已经在着手起草《杭州师范大学武术文化建设规划》，进一步明确学校校园武术文化建设的目标、内容，实施措施和保障措施。

（3）运动场馆完备，体育设施设备齐全，确保校园武术文化建设的顺利发展。学校拥有现代化的综合性室内体育中心，集篮排球馆、游泳馆、乒乓球馆、羽毛球馆、体操馆、武术馆等于一体，建有主体育场、标准田径训练场以及风雨球场。设施齐全，场馆现代，这些都为校园武术文化建设和"武状元"活动的开展提供了良好的硬件保障。

（杭州师范大学武术协会荣获2015年全国百佳国学社团，浙江省十佳社团）

闻弦歌而知雅意　承慧心以弘师道
——校大学生闻音合唱团建设

杭州师范大学大学生闻音合唱团（Wenyin Chorus of Hangzhou Normal University，以下简称"闻音"）被浙江省教育厅评为最佳艺术类社团，G20杭州峰会文艺演出复演合唱表演团队，在省内外具有较大影响力，是浙江省乃至全国高校合唱团队中的领军团队之一。

一、闻音合唱团的建设背景

杭州师范大学历来有开展合唱艺术的传统，我校先贤李叔同先生在校任教时便开展了"学堂乐歌"等近代美育启蒙活动，合唱艺术从此成为我校的精神文化血液，近百年来始终渗透并贯穿于我校的美学教育。2012年，在学校各部门的大力支持下，青年指挥家、校指挥教师周振宇组建了闻音合唱团。"闻音"得名于"闻弦歌而知雅意，承慧心以弘师道"，本着"传承、知雅、融合"的人文理念，秉承学校"人文学堂，艺术校园"的办学特色，通过合唱艺术教育提升大学生的艺术修养，以专业化的训练手段提高他们的艺术水平，以精品的艺术形式传播传统文化，使这些热爱音乐的师范生能得到全面的发展，在团队中收获成长，并将合唱艺术教育的传统一代代继承下去。

二、闻音合唱团的基本运行

闻音合唱团建立了较为规范的团队结构，建设有混声大团、女声团、精英团、阿卡贝拉、新生训练营等梯队化运作结构，常规在团人数为140余人。闻音合唱团的活动围绕常规训练和竞赛集训展开。在体系化的建设和准专业的训练之下，逐渐形成体现时代特征、青春活力的舞台风格，以及"可听可视"、丰富多样的表演形式，通过公开排练、学术讲座、演出交流、专场音乐会等多层面、多形式的艺术推广活动，为校园内外带来丰富的艺术呈现，传播合唱文化。得益于精准的团队定位和专业的训练体系，闻音成长迅速：四年间共荣获包括国家教育部大学生艺术节一等奖、浙江省合唱大赛特等奖在内的21项省级以上奖项，多次受邀承担省市及全国重大的交流演出活动，与美国、德国、乌克兰、中国台湾等嘉宾和团队举办交流音乐会。闻音每年均举办有主题的合唱专场音乐会，至今已成功举办了"新航""绽放""闻音""闻诗氤氲"等五场公演专场音乐会，因每年的专场音乐会都颇具特色和创新点，以富有艺术表现性、学术前瞻性、文化传播性等特质吸引了社会的广泛关注。

三、闻音合唱团的思考和展望

闻音在艺术追求上致力于更高的艺术性、学术性和多元性，更注重于从历史和文化中汲取美的养分，不断挖掘中国文化的精髓，向文化传播型团队转型。闻音希望站在合唱的维度上，深度挖掘音乐与传统文化的关联，将我国古诗词、现代诗作和现代音韵相融合，通过和声的方式诠释诗歌语言，将"传统与现代兼济，创新与活力交融"的中国气质呈现，努力展现中国文化中的山水之美、人文之美、人性之美和创新之美，将诗意化于乐中，将民族精神寓于乐中，期望能够让更多人体悟娴雅，品乐音之美，感艺术之雅，润心身之质。

附件：闻音合唱团近年来主要演出和荣誉
（一）主要活动情况
举办"新航"2013年度闻音合唱专场音乐会（2013年6月2日）
举办杭师大闻音与乌克兰LA Vivo合唱团交流音乐会（2014年6月）
举办杭师大闻音与宁波大学南风合唱团交流音乐会（2014年12月6日）
举办"绽放"2015年度闻音合唱专场音乐会（2015年5月13日）
举办"闻音"浙江音乐厅公演合唱专场音乐会（2015年6月7日）
举办"给灵魂片刻自由"诗歌与音乐合唱学术沙龙（2016年3月20日）
举办"闻诗氤氲"闻音2016年度专场音乐会（2016年5月18日）

举办"喜迎 G20"闻音合唱团杭州大剧院专场音乐会（2016年6月11日）

受邀献演浙江大学建校 116 周年专场音乐会（2013年5月）

受邀献演浙江省庆祝建国 65 周年文艺演出（2014年9月26日）

受邀献演 2014 年浙江省大学生艺术节颁奖晚会（2014年9月30日）

受邀中央电视台"毕业歌"节目拍摄（2015年7月14日）

受邀参演浙江省纪念反法西斯战争胜利暨抗日战争胜利 70 周年纪念合唱音乐会（2015年9月25日）

受邀献演 2016 年浙江省合唱新年音乐会（2015年12月26日）

受邀献演浙江省德清县春节联欢晚会（2016年2月1日）

受邀承担 G20 峰会文艺演出复演表演（2016年10月1日—7日连续13场次）

（二）主要获奖情况

荣获国家教育部全国大学生艺术展演合唱一等奖（2015年2月）

荣获浙江省全省合唱大赛特等奖（2014年9月）

荣获 2015 年浙江省大学生艺术节表演唱冠军（阿卡团）（2015年10月）

荣获 2015 年浙江省大学生艺术节合唱一等奖（混声团）（2015年10月）

荣获 2015 年浙江省大学生艺术节合唱一等奖（女声团）（2015年10月）

荣获 2014 年浙江省大学生艺术节合唱一等奖（混声团）（2014年9月）

荣获 2014 年浙江省大学生艺术节合唱一等奖（女声团）（2014年9月）

荣获 2014 年浙江省大学生艺术节表演唱一等奖（阿卡团）（2014年9月）

荣获 2013 年浙江省大学生艺术节阿卡贝拉组合冠军（阿卡团）（2013年11月）

荣获"浙江省最佳艺术类社团"称号（2013年11月）

"I Debate" 打造尚思善辩的论辩文化

——沈钧儒法学院特色辩论文化项目

一、本项目的基本概况

沈钧儒法学院因其法学学科特色,为学生提供了思维碰撞的机会;自由的精神,给予了思想需要的张力;法学人对思辨的追求,肥沃了论辩文化发展的土壤。论辩文化已经成为学院文化中最重要的组成部分之一。我院以论辩文化为载体培养学生的人文素养,通过论辩文化的辐射、引领和推动,提升学生的思维能力,激发学生明理求真的自主学习意识,培养学生自由、平等、理性的人文精神,以此提升学生自身坚实的专业功底、较强的动手和适应能力以及批判的视角。我院自2009年起,已开始着力打造学院特有的论辩文化。

(1)赛事固定,建立制度化的院级赛事。从2009年起举办新生班级辩论赛,至今为止已坚持了6年,活动面向历年新生人群,影响人数累计已达千人;从2013年起,我院结合专业特色,旨在通过模拟现场庭审答辩的方式,进一步提升学生的论辩思维与能力,因此启动了院模拟法庭比赛,至今已举办了3届比赛。以比赛为平台、论辩为路径,在学院全面营造论辩文化氛围。

(2)队伍分层,加强竞技队伍建设。建立学院和班级两级辩论队,形成梯次结构,班级辩论队是学院辩论队的人才基地,负责向院辩论队输送选手。这样既保证了广大同学有参与辩论的机会,又方便高一层级的队伍选拔人才。其中2009级、2010级、2011级院辩论队成员共计23名往届毕业生,考取公务员11名,研究生5名,事业单位2名,从事律师行业5名,可见论辩文化对学生表达及逻辑思维培养的浸润效果。

（3）社团跟进，支持和鼓励学生社团建立论辩平台。学生团体——演讲与口才社的成立，为辩论爱好者们参加辩论赛、演讲赛，交流经验提供了更多的机会。演讲与口才社不仅经常举办各式灵活多样的民间辩论赛，同时这里也会聚和培养了很多辩论好手和辩论"红人"。

论辩文化的建设，离不开学院的学科专业优势、师资优势的支撑。学院设有法治中国化研究中心、青少年法制教育研究中心、公法与法理、民商法学、诉讼法学研究所等多个学术研究机构；举办了50多期"法学名家"讲坛；还通过"法学沙龙""钱塘法治论坛""学术午餐会"等多种形式活跃学术论辩氛围，这亦为尚思善辩论辩文化的打造提供了良好的培育土壤。2009年至今，我院在论辩文化打造方面取得了一定的成绩，尤其在辩论比赛这一方面已取得初步成果。

二、本项目建设的目标与思路

沈钧儒法学院论辩文化建设的总思路与目标为：以自成体系、紧扣教学、拓展能力的论坛和辩论活动为载体，构建独特的，旨在帮助学生树立创新意识、明确创新方向和训练学生的语言表达、逻辑思维、团体协作、知识整合能力。

三、本项目建设的实施方法与过程

（1）将"官方"性质的辩论赛事与"民间化"的辩论赛事有机结合。学院论辩文化在定位上确立"官方"性质的辩论赛事与"民间化"的辩论赛事有机结合的方针。以"官方"性质的"新生杯"辩论赛、"政君杯"模拟法庭辩论赛、主题演讲比赛为主导，代表精英化的竞技性论辩文化；同时，以寝室辩论擂台赛、"十大案例评论员"评选、辩论沙龙为平台，推行普及"民间化"的参与性论辩文化。二者有机结合，形成了定位上专业化与广泛化的合理设置，丰富了论辩文化的内容。

（2）将校级辩论活动与学院、年级论辩活动互补。学校论辩文化在结构上采用校级辩论活动与学院辩论活动互补的模式。校级的论辩赛事大多与学院赛事挂钩，比如为组队参与校级的"树人杯"辩论赛，学院均举办了"树人杯"辩论赛选拔赛。也为浙江省大学生法律职业能力竞赛之辩论赛做好充分的赛前选拔工作；为了在浙江省大学生法律职业能力竞赛之模拟法庭辩论赛上取得好成绩，很多班级也都组织了学院内的模拟法庭比赛以发现人才；同时，各年级为了准备学院的赛事，又纷纷举办年级甚至班级的赛事。如此，形成了由班级到年级、年级到学院、学院到学校整体的活动结构，使论辩文化触及到了学校内的每个角落。

（3）竞技辩论与论坛活动相互促进。学院论辩文化在形式上选择竞技辩论与论坛活动相互促进的方式，各种竞技辩论活动更多地体现论辩技巧，而论坛活动更多地注重其内容。如此的形式使得我院论辩文化的发展达成了形式上与内容上的统一，参与同学得到了全方位的锻炼与提高。

（4）论辩促进教学，教学发展论辩。学院的论辩文化始终服务于学院人才培养目标，有效推动了课程体系、教学内容和教学方法的改革，实现了人才培养从注重知识传授向重视能力和素质培养的转变；新的教学改革，更注重于对学生语言表达、逻辑思维、团体协作、知识整合等多方面的训练，提高学生的辩论基础，进而提升了学院论辩的整体水平。论辩文化推动课堂教学模式创新，在学院的课堂教学中也融入了辩论的方式。积极推行针对案例分析教学首开"讨论加辩论式"教学，先由学生分组对案例进行讨论、质疑、辩论，再由主讲教师归纳要点并进行点评，其间学生也可与教师进行辩论。

除此之外，论辩文化融入实践教学平台，改革实践教学体系，强化"论辩"为主的研究式学习。在教学中设置以"模拟法庭训练"为代表的模拟教学和案例教学，设置了师生网上论辩式交流的"实务视角"项目，设置了"法律看台""每周一案"等师生互动教学项目。体现论辩文化、贯穿创新精神和实践能力要素的实践教学项目在本科生培养全过程得以有效实施。

四、本项目建设的保障条件

沈钧儒法学院"论辩文化"培育工程，是由院党委倡议，学院专业教师积极响应，院团委牵头组建整合而成。学院将着力完善论辩育人平台建设（辩论赛+模拟法庭比赛+辩论沙龙+课堂教学）；已对论辩感兴趣的专业教师组建成团队，为学院对内对外的辩论赛事提供专业指导；建章立制，大力鼓励学生参与到各项与论辩相关的活动中来。

03

学风建设篇

回归元典　书香育人

——人文学院"百篇必读书目工程"

一、项目基本概况

（一）项目的现实意义

针对目前教学现状中教学改革乏力，培养模式单一，知识结构陈旧，教学方法落后，学生学习兴趣不强、厌学情绪强烈等不利于教育教学工作开展的消极因素，人文学院积极创新、勇于开拓，以"百篇必读书目工程"为先导，围绕培养具有健全人格和良好科学文化素养的创新型人才，形成具有杭州师范大学特色的创新人才培养模式为总目标，以元典阅读为契机，积极打破原来的"以教师为中心，以课堂为中心，以课本为中心"的三中心，转变为"以学生为中心，以活动为中心，以学生的生活为中心"的新三中心教学理念。营造读书氛围，养成良好阅读习惯，提高读、写、思考、研究等能力，培养创新人才，增强学生的综合素质，为一流大学的创建开辟一条可行的新路。

学校以育人为本，育人以教育为先，质量是学校的生命线，教学工作在学校具有优先地位。因而在教学要求上，要由考查对知识的接受与存储向考查对知识的理解与应用转变，注重培养学生的学习能力、实践能力和创新能力。教学改革由注重知识传授向注重创造能力培养转变，鼓励学生在阅读中思考，在思考中发现，在发现中创新，贯彻人才培养的"三个结合"，即知识传授和能力培养相结合，专业培养和全面素质教育相结合，科学精神培养和人文培养相结合。改革教学的内容、方法和手段，完善人才培养模式，最终目的是要培养适应时代要求的高质量人才。我们认为"高素质""创造性"两个词高度概括了适应21世纪时代需要的人才的基本品质。也就是说，21世纪的教育质量强调的是加强人文与科学的融合，强化学生实践能力和创新能力的全面素质教育。我校教育创新的基本出发点就是要提高学生的全面素质。学校教育改革和创新的每一项措施都是以"21世纪的中国高等教育需要什么样的教育质量"为基本出发点的，以适应21世纪学科融合的需要，适应世界科学技术飞速发展、知识更新速度显著加快的需要，适应提高学生创新能力和实践能力的需要，适应学生能力、兴趣、个性、人格全面发展的需要。

建设此项目对我校建设省内乃至国内一流综合性大学意义深远。一流大学要培养一流人才，一流人才最重要的标志是创造力强。建设此项目，对于培养学生良好读书习惯、自主获得知识、主动发现问题、形成创新思维、提高综合素质都有积极意义。

（二）本项目的建设现状

在我校，转变教学理念，培养创新人才是全校各条育人战线的目标。各条育人战线在各自的领域，实践了很多创新项目，总结了很多经验。就人文学院而言，"百篇书目工程"是当前学院转变教学理念，培养创新人才的良好实践。目前还没有形成一种创新方法在学校层面上的推广实施，绝大部分只是在学院内部予以实施和总结。人文学院领导十分重视人才质量工程，在教学理念、教学目标、教学方式、评价体制等方面对教师提出了具体的要求；在教学管理线上，要求教学管理人员不但要服务好一线教师队伍，更要积极参与到教书育人的团队，在各自领域发挥特长，为培养创新型人才贡献自己的力量。学院在"百篇书目工程"中提到，我们的目标不但要使它成为学院的百篇书目，更要成为全校的百篇书目。元典阅读是人文教育的重要内容之一，加强元典阅读教育是培养学生人文素养、高尚品德的重要使命。

为更高效地贯彻落实"百篇必读书目工程"，人文学院创新内容、创新形式，以同学们喜闻乐见的方式丰富同学们的读书活动，此举已收到良好的效果。

自"百篇必读书目工程"特色活动实施以来，人文学子的读书热情高涨，作为试点的我院09、10级各班相对应的图书馆图书借阅量一路飙升。在不到一个学期的时间里，人教101班的陈丽丽同学的图书借阅量达到123本之多，而到了近两年，我院学子也在图书馆借阅量排名上占据"半壁江山"，这也使得"好读书、读好书"成为全院学生的一种风尚。我院十分重视校内示范作用的发挥，致力于学生阅读先锋、先进团体的发掘与推广，鼓励广大学子从书中汲取人生真谛与精神养料。学院开展优秀读书笔记的评选活动，同时每年度评选"读书之星"与"书香班级"，使之成为大家读书学习的典范。我校于2010年9月成立的经亨颐学院也向我院取经，开展了人文名典必读活动，掀起"回归元典，书香育人"的新风潮。2015年，在校长杜卫的倡导下，我院"百篇工程"被作为示范，在全校各学院推行。同时，我院还十分注重对"百篇必读书目工程"的校外拓展，以"百篇必读书目工程"特色活动开展的契机，我院党政领导班子、学科带头人积极与兄弟院校进行经验交流，推广这一品牌项目。"百篇工程"实施至今已取得一定的建设效果，历史文化效益、政治效益、学术研究效益、学科建设效益、人才培养效益更是日益凸显。

（三）本项目的优势条件

我院十分注重组织建设，在开展"百篇必读书目工程"特色活动期间，从创新人才培养（骨干学生）、教师团队建设、教学管理队伍建设三方面入手，实现了师生联动，双方共同参与活动的策划与实施。学院党政领导班子也对本活动给予高度重视，多次召开相关会议，拟订了体系严密、可操作性极强的系列文件。

"百篇必读书目工程"自身体系的组织性强，分项目、分阶段、分步骤、分类别开展，在时空纬度上自成一体。其间，学院党政齐心协力、齐抓共管，把教学工作与学生工作统筹谋划，推进教学团队建设，形成教育教学多元化培养机制，合理评价读书效果，建立合理的创新人才综合评价指标体系。在创新人才的培养（学生）上，我院初步建立起了合理的综合评价指标体系，开展知识竞赛、辩论赛、讲座、论坛等形式学习创新理念、创新方法的理论；开展研究性学习专题，熟练掌握创新理念和方法，在实践中初步创新学习方法；开展了两次评奖评优活动，总结经验，强化认识，形成具有个性的学习方法，初步养成良好的研究性学习习惯，形成创新能力。同时以人文学院团委学生会学生骨干为生力军，让"百篇必读书目工程"进一步深入到广大学生中，在学生层面形成较好的口碑。在教师团队建设方面，学院组织教师通过网络、报告会等形式，学习创新理念、创新方法；通过"大课堂"教学比赛，充分利用教学实践提升创新理论；通过校际之间的交流以及学术会议，初步形成具有个性和专业特点的创新教育方法，充分认识大课堂理念；通过带领和指导学生社会实践、科研论文撰写、创新项目申报等，丰富大课题内容，培养学生科学研究的精神，形成自身的教学优势；通过科研及教学成果展，总结和提高创新教育方法，并推而广之，惠及全校。对于教学管理队伍，通过出知识竞赛试卷、题目，主持讲座、论坛等形式，学习创新理念、创新方法；通过学生会、研究生会等学生社团，在小范围实践自己的创新管理模式，初步形成具有个性和本部门特点的创新教育方法，充分认识大课堂理念；因势利导，因材施管，进行特长管理，形成自身的教育管理优势。

二、项目建设目标和思路

本项目以搭建读书平台、推进读书交流、营造读书氛围、巩固专业知识、拓展专业视野为主要目标，以改变教学理念，提高学生的阅读素养、文化修养、培养健全人格和创新学习的能力，提高就业核心竞争力，使人才培养模式管理体制和运行机制逐步完善为预期成果。其具体思路如下：

转变传统的以继承为中心，以智育为中心以及以学科为中心的教育观念。通过创设条件，通过专家导读、阅读元典、交流讨论、学术沙龙等形式，激发学生的学习兴趣和主动求知的愿望，让其参与到创新的环境中来，使学生形成探求创新的心理愿望和性格特征，形成一种以创新精神和汲取知识、应用知识的习惯。

学院定期组织开展课题研究、专题研读、阅读沙龙等活动，协助开展周末晨读等读书活动，开展读后感征文、演讲、辩论、讲座等与阅读有关的交流活动。

主要活动有：

在院网站上建立"读百本好书，筑书香人文"专栏，以实现多形式的便捷交流；建立"泽地书院"微信平台，借助新媒体促进"百篇工程"的影响。

学院不定期安排教师作读书报告和邀请知名专家、学者来学院讲学。

每年9月同学们在学院公布的百篇书目中选定本学年的阅读书目（一、二、三年级同学分别从一、二、三级书目中挑选），挑选的数量为该学年周数的一半。

阅读量保持平均每两周看一本书，每一学期读书笔记在下一学期开学第一周内上交。（后改为学期中每月写两篇读书笔记，一月一交一评。）

每季举行读后感征文活动，请专业老师进行评比，评出优良级别，并评选优秀文章，编辑成刊物。

各班成立阅读论坛沙龙，每月一个热点话题，邀请老师一起参加。

定期进行活动总结，每学期评选表彰"阅读之星"。每学年评选"读书之星""书香班级"。

每学年开展演讲赛、新生辩论赛等文化活动。

以这些活动为载体，通过品读经典、学术讲座、沟通交流、征文比赛、评奖评优等方式，激发学习的兴趣和潜能，打通第一课堂和第二课堂的界限，鼓励学生参加各类学科竞赛及科技活动，培育一批具有潜力的学生科研项目，培养学生的团队协作意识和创新精神。

三、项目建设的实施方法与过程

"鸟欲高飞先振翅，人求上进先读书"。共青团杭州师范大学人文学院委员会秉承热爱读书的文化传统，创新阅读机制，借助学院的优势，针对学生专业特点，实施了"读百本好书，筑书香人文"——人文学院"百篇必读书目工程"特色活动。

回首这一年来"百篇必读书目工程"实施的点滴，汗水与荣耀并举，摸索与创新同行，一个洋溢人文气息的品牌活动已经初具规模。其实施方法与过程为："转变观念，创设条件，创新形式，激发求知"。

建设项目的具体安排

（1）分项目：从教学管理层面、人才引进与培养方面、教学设计方面、学生学习方法方面进行探索实践

（2）分阶段：第一阶段：制定科学规范的政策制度阶段；第二阶段：具体实践阶段；第三阶段：总结经验教训和进一步完善推广阶段。

（3）分步骤：第一步：制定相关教学管理制度；第二步：人才引进，建设高素质创新型教师队伍；第三步：深化教育教学改革，完善教学设计；第四步：

为学生营造良好的阅读氛围;丰富校园业余生活,鼓励学生个性自由发展;建立民主平等的师生关系,加强师生之间的联系;倡导学术自由,教师带领学生共同研究课题。

(4)分类别:对大一、大二、大三学生要区别对待。要通过一定的方式使大学生在学好本阶段专业的同时,进行包括文史哲基本知识、艺术的基本修养、国内外优秀文化成果的教育,同时加强自然科学知识的教育,以提高人文学生的文化品位、审美情趣、人文素养和科学素质,进而提高整体素质。

四、项目建设的保障条件

(1)组织领导。学院党政齐心协力,齐抓共管,把教学工作与学生工作统筹谋划。由院长沈松勤教授亲自指导,学院行政和教学两套班子齐抓共进,将"百篇必读书目工程"纳入到学院团委的系统工程上。从创新人才培养(骨干学生)、教师团队建设、教学管理队伍建设三方面入手,实现了师生联动,双方共同参与系活动的策划与实施。同时,学院党政领导班子也对本活动给予高度重视,多次召开相关会议,拟订了体系严密、可操作性极强的系列文件。

(2)队伍建设。在教师团队建设方面,全面提高教师素养,形成可持续发展的教学队伍机制。通过网络、报告会等形式,学习创新理念和创新方法;通过"大课堂"教学比赛,充分利用教学实践提升创新理论;通过校际之间的交流以及学术会议,初步形成具有个性和专业特点的创新教育方法,充分认识大课堂理念;通过带领和指导学生社会实践、科研论文撰写、创新项目申报等,丰富大课题内容,培养学生科学研究的精神,形成自身的教学优势;通过科研及教学成果展,总结和提高创新教育方法,并推而广之,惠及全校。

在教学管理队伍建设方面,学院党政齐心协力,齐抓共管,统筹谋划。通过出知识竞赛试卷、题目,主持讲座、论坛等形式,学习创新理念、创新方法;通过学生会、研究生会等学生社团,在小范围实践自己的创新管理模式,初步形成具有个性和本部门特点的创新教育方法,充分认识大课堂理念;因势利导,因材施管,进行特长管理,形成自身的教育管理优势。

在学生人才培养建设方面,建立合理的综合评价指标体系。开展知识竞赛、辩论赛、讲座、论坛等形式学习创新理念、创新方法的理论;开展研究性学习专题，熟练掌握创新理念和方法，在实践中初步创新学习方法；开展一年一度的评奖评优形式，总结经验，强化认识，形成具有个性的学习方法，初步养成良好的研究性学习习惯，形成创新能力。

（3）制度建设。一是学校制度管理层面。高校教学管理是高校教与学的中心环节，管理创新是连接创新教与创新学的纽带，要切实推进教学管理创新，提升整体教学水平和人才培养质量。"打造最能培养创新人才的管理体制"。二是人才引进与培育方面。人才资源是第一资源。把师资人才资源作为最重要的战略资源去认识、去开发、去管理，才能使我们高校的创新工作取得巨大突破。三是教师教学设计管理方面。突破经验束缚，进行创新性教学设计方案，体现大课堂、大课本理念。

采泽地之灵气臻书院之风华
——人文学院"未来好老师"培育工程

一、本项目的基本概况

1. 现实意义

党的十八大报告明确提出:加强教师队伍建设,提高师德水平和业务能力,增强教师教书育人的荣誉感和责任感。① 2014年教师节,习近平在与北师大师生座谈时说道:"一个人遇到好老师是人生的幸运,一个学校拥有好老师是学校的光荣,一个民族源源不断涌现出一批又一批好老师则是民族的希望。国家繁荣、民族振兴、教育发展,需要我们大力培养造就一支师德高尚、业务精湛、结构合理、充满活力的高素质专业化教师队伍,需要涌现一大批好老师。"国家的发展和民族的振兴给教育工作线提出了培育"未来好老师"的迫切要求。杭州师范大学人文学院文脉悠长,人才辈出,鲁迅、郁达夫、丰子恺等文化名人皆曾在此任教,传道、授业、解惑,用文学和艺术影响感染了一批又一批学生。2009年学院开始实施"百篇经典阅读书目工程",倡导学生们在大学四年中读完100本文史经典,打下较为扎实的专业基础,奠定较为宽阔的学术视野,同时广泛开展演讲赛、辩论赛、朗诵赛等,以赛促学,提升学生读、写、思、诵、讲、演等基本能力,在经典阅读中增强人文素养。项目实施6年多来,成效较好。在省市级各类学科竞赛中,我院学子都有非常出色的表现。学生虽偶感压力,但毕业时回望自己读过的百本好书,撰写的几十篇读书笔记,都倍感充实、

---

① 胡锦涛. 中国共产党第十八次全国代表大会文件汇编[M]. 北京:人民出版社,2012:32.

有收获。特别是师范生们普遍反映，通过阅读经典，"腹有诗书气自华"，站在讲台上更有底气了，讲课更加从容了。2009年至今，学院师范生签约率稳中有升，在全校文科专业中排名一直居于前列。2013年学校专业调整后，学院师范生比例高达85%。初步统计显示，有做老师意向的学生比例超过90%。继往开来，承前启后，学院适时提出"未来好老师"培育工程，从师德、师能、师技三个层面，培育平台，发掘载体，凝炼举措，深入发挥第二课堂对第一课堂的推动与深化作用，致力于打造德能技俱优的"未来好老师"。

本项目的理论创新在于：坚持以德为先、以文化人、实践育人的理念，采用协同理论，实现团学与教学资源的整合，充分发挥第二课堂与第一课堂的联动作用，协同创新，进一步深化全员育人的良好氛围；以教师为主导，以学生为主体，实行渗透性德育，发挥学生主体性作用，实现学生自我教育、自主教育。

本项目的实践应用价值在于：第一，从师德、师能、师技三方面着手，德育为先，提升能力，精湛技能，全方位培育"未来好老师"，力图使师范生培养体系化、科学化、实效化；第二，发挥团学工作所擅长的思想引领作用，以德育为先锋，大力开展师范生师德培育，通过成立德育师资库，定期进行主题教育，整合团学线既有的如"话剧节""阳光家教""口述史"社会实践项目等优势品牌，实行渗透性德育，以爱与责任为核心，多渠道、分层次、多形式地开展师德教育，以提升学生对教师的职业认同；第三；承上启下，进一步深化2013年"一院一品"项目——"百篇经典阅读书目工程"，总结经验，凝炼举措，改进方法，在原有大文史概念下的百篇经典阅读书目基础上，增设教育类经典阅读书目，并开展本科生创新工程，大力引导学生积极参与科研创新，提升创新能力，力图把学生培养成为文史基础扎实、懂得教育规律、科研能力突出的师范生。第四，结合学院师范生在求职过程中所遇到的困难，整合教学实践和师资资源，实现团学与教学联动，采用培训、考核与实训相结合的方式，实现了师范生技能达标百分百覆盖、百分百达标，实现了师生间的及时反馈与评价，收到了较好的效果。

2. 建设现状

我院历来注重师范生内在素质的培养，自2009年以来一直实施百篇经典阅读书目工程，由学院教授荐书，经严密论证，最终形成一百本经典阅读书目，倡导大学生在四年中阅读经典，每月撰写读书笔记，由专业老师和研究生学长批改读书笔记并提出反馈意见，每年筛选优秀篇目编印《人文学院优秀读书笔记》，已有9辑。每年图书馆阅读之星评比，我院学子均名列前五。在各类省、市级演讲赛、朗诵赛、话剧表演、师范生技能大赛、职业规划大赛等赛事中，我院学子每年都有重量级获奖。全院已经形成好读书、读好书的书香氛围，学生的人文素养已有显著的提升。2014年我院开始实施"未来好老师"培育工程，通过将比赛、考核与实训相结合，夯实师范生的基本素养与技能，实施一年多以来，成效显著。经过实训，2012级师范生的普通话通过率提高了30%。2015届毕业生签约率较2014届提高了5个百分点，就业质量有了大幅提升。可以说，在师德、师能与师技的培育方面，我院已经打下了比较扎实的基础，摸索出一系列有效的举措，得出一些有益的经验。

3. 优势条件

近年来，我院专业建设成绩显著，中文专业为省一级A类专业，历史专业为一级B类专业，均位列省级重点学科。学院教师中，高级职称比例高达90%，具有博士学位的老师占比达63%，师资力量雄厚。1位老师获浙江省"师德先进个人"，1位老师获浙江省"三育人"先进个人，1位老师获浙江省大学生暑期社会实践优秀指导老师，2位老师获杭州市优秀教师，1位老师获杭州市教育系统先进工作者，3位老师分别赴新疆、贵州进行长期支教。学院每两年开展"学生最喜爱的老师"评选，至今已评选过3届，并组织学生进行教师事迹采写，在院网及其他微媒体上广泛宣传，营造了良好的学院氛围。这些都为"未来好老师"培育工程奠定了良好的基础。

二、本项目建设的目标与思路

（1）目标。结合学院学生的实际需求与未来就业意向，立足学院学科与专业优势，举全院之合力，培养集师德、师能、师技于一身的"未来好老师"，增强学生的就业竞争力和教师岗位的职业认同，帮助学生进行合理的教师职业生涯规划和设计，为我国教育事业的发展培养优秀人才。

（2）思路。"未来好老师"应是集德、能、技于一身的卓越教育者。师德是为师之根本、师能是关键、师技是必需。师德教育主要培养学生的爱心、责任感、奉献精神；师能教育主要培养学生的专业知识基础、学习能力、创新能力；师技教育主要培养学生具备良好的表达、沟通与讲授能力。因此，本项目将从师德、师能、师技三个方面着手，以德为先，提升能力，强化技能，培育未来的好老师。

三、本项目建设的实施方法与过程

本项目将分师德、师能、师技三个方面入手，培育未来好老师。

（一）立德树人，师德为先：以爱与责任为核心，多渠道、分层次、多形式地开展师德教育，提升学生对教师的职业认同

（1）成立德育导师库，定期开展主题德育讲座。充分利用学院和学校两级优势师资资源，充实德育工作队伍，成立德育导师库。

（2）立足学科特点与特色，实施戏剧教育、情感教育、实践教育等渗透性教育。一是戏剧教育。苏霍姆林斯基认为："美感帮助学生认识个人的道德尊严，净化自己的灵魂，培养道德观念。对别人的道德行为的审美情感，对形成个人的道德尊严起着很大作用。"黄岳杰老师带领的流霞话剧社，从1987年起坚持每年举办校园话剧节，至今已有30年之久，在校园内外演出话剧近百场，用戏剧拓展课堂，用爱的教育拓展艺术，点亮了一个个学子心底的爱的光芒。黄老师对戏剧的热爱，特别是他作为教师对学生的言传身教，影响了一批又一批学生，坚定了他们对于教师事业的热爱，丰富了他们对于教师事业的理解。二是情感教育。刘晓伟老师带队的暑期支教小分队，自2006年以来每年暑期都赴省内欠发达地区进行支教，至今已坚持了9年。数百名同学跟随刘晓伟老师下到丽水、淳安等农村山区，为当地的留守儿童送去主题教育和爱的陪伴。刘老师结合当前留守儿童的特点和需要，自编支教课程，创新性地开展男女童性别教育、生命教育等课程，不仅给留守儿童送去了关怀和支持，也给支教的同学们上了一堂堂情感教育课，刘老师以身示范，数年坚持如一日，让学生们深深感受到了对教育的责任与奉献，给学生今后的教师生涯烙下了深深的印迹。三是实践教育。立足专业优势，我院历史系师生已经连续6年开展口述史调研，已出版4本专著，共计110余万字。通过教师指导、学生发挥主体性作用，确

定采访主题，并自行选择、联系采访对象，学生们接触到了一个个生动的人生故事，如陈兆肆老师带领学生近距离访谈中小学一线教师，倾听他们的故事，书写他们的人生，感受他们对教育事业的热爱与奉献，形成了师生合著《风雨杏坛　阳光人生——中小学教学的三十个口述故事》。学生们普遍反映，这些故事影响了他们作为教师的初衷，真正树立教书育人、奉献爱岗的工作态度。

（3）朋辈的示范教育与自我教育。学院自2013年开始，每年9月均举行"阳光家教"暑期社会实践分享会，通过邀请指导老师和支教队员分享暑期支教的心得、感悟，向更多同学传递身为一名教师所应该具备的责任感和使命感。让更多同学们通过学长的示范作用，对教师职业有所认识和了解，并对未来的教师生涯有所规划。学院还结合学生的就业需求，开展"实习归来话感受""在杭就业学长经验分享会"等主题交流会，利用朋辈之间的相互交流，增强朋辈的示范和榜样作用，增进同学们的自我教育，使教师必备的德行修养真正内化到学生心里。

（二）以文化人，提升师能：强化教师教育的特色和文化底蕴，与时俱进，推进教师能力素养结构的更新发展

（1）进一步推进百篇经典阅读书目工程。我院推行百篇经典阅读书目工程已有6年之久，已经形成了一系列有效的举措，积累了较为丰富的经验，形成了常态化的学生活动项目。下一步，我们计划进一步推进该项目，从深度上、内涵上充实该项目，每年进行学生阅读情况调研，编印《杭州师范大学学生阅读白皮书》，调研学生的阅读偏好和接受特点，适时调整引导的方式方法，更新理念与体系，争取将百篇经典阅读书目工程的实施推广到全校范围，在全校范围内营造更为浓厚的读书笃学之风。

（2）增设教育类经典阅读书目。我院计划在原有大文史概念下的百篇经典阅读书目基础上，广泛向学科教学、教育学、中小学语文一线教育方面的专家学者征询教育类书目，增设教育类经典阅读书目，把学生培养成为文史基础扎实、懂得教育规律的师范生。

（3）提升学生科研创新能力。"教师成为研究者目前已经作为一个有号召力的口号广为传播，成为中小学教育、教师教育改革中一个具有国际影响的运动，成为教师专业化发展的重要趋势。"2012年教育部颁发的《中小学、幼儿园教

师专业标准（试行）》中明确指出教师要"主动收集分析相关信息，不断进行反思，改进教育教学工作；针对教育教学工作中的现实需要与问题，进行探索和研究"。我院通过开展本科生创新工程，培育孵化科研项目，大力鼓舞学生投身科学研究和创新。学院每年投入专项创新孵化基金6万元，用于培育院级科研项目，2015年我院共有40个项目入选。2016年我院共申报新苗人才计划项目78项。学院还每年组织学生参加校思政论文大赛，紧密联系在校学生的思想政治教育问题，进行调研、提出对策，锻炼学生发现、提出、解决问题的能力，几乎年年都包揽校级一等奖。

（三）实践育人，强化师技：坚持以人为本的原则，建立合理科学的训练体系，实施"比赛+实训+考核"的百分百覆盖机制，充分激发学生的主体性

（1）比赛：以赛促学，营造良好氛围。通过开展"蕙风杯"汉语口语大赛、"未来好老师"模拟上课大赛、二笔字大赛、PPT制作大赛，围绕"竞师范技能，展人文风采；承优良传统，促质量提升"的宗旨，以赛促学，示范交流，激励和引导广大学生积极投身教师技能学习，全面提升学生教学技能的综合水平和素养。对优秀的学生开设教师技能精英班，进行重点培育，冲刺学校和省级师范生技能大赛。

（2）考核：以考核为抓手，把培训贯穿大学四年。大一、大二期间，学生根据自己的时间安排报名参加学院的普通话培训、书写训练、演讲与朗诵技巧、PPT制作培训，培训每学期举办一期，在学期末组织考核，考核未通过的同学，仍须报名参加下期培训。在大二暑期前通过以上四项培训与考核，并在大二暑假短学期通过学院"教学技能摸底检测"者，发放"人文学院教师基础技能合格证"。大三时主要进行课堂教学技巧训练和教师资格证应考准备，教学技巧主要是通过课程教学论进行备课、说课、模拟上课训练。教师资格证应考主要通过学长经验介绍、教师专项培训、模拟测试等方法进行。大三短学期"师范生技能达标测试"不合格者，将不能参加实习。大四时进行实习和求职面试技巧训练。百分百覆盖面，全体学生都必须通过考核。

（3）实训：以实训为平台，引导学生加强教师技能的自我训练。对基础比较差的学生，通过泽地书院——辅导员导师工作室，进行定期实训，聘请专业教师进行指导。实训共分为三字一话、演讲与朗诵、时间管理、职场礼仪等模

块,学生自愿报名参加。每次课程人数不超过 15 人,以"教师指导 + 学生练习"为主要教学模式,从而保证了较好的实训效果。目前已开课 3 期,选课人数达 240 余人,学生反馈较好。

四、本项目建设的保障条件

(1) 组织领导。学院领导高度重视"未来好老师"打造工程,将"未来好老师"作为教学与团学的共同工作目标,以教学为第一课堂,扩展团学第二课堂,合力提升大学生的教师素养与技能,增强学生的就业竞争力和可持续发展能力。

(2) 队伍建设。教师队伍建设方面,学院层面已经具备较好的师资基础,有多名老师获"三育人先进""师德标兵""学生最喜爱的好老师""社会实践优秀带队老师"等荣誉称号。从全校范围来看,我校教育学学科力量强大,以赵志毅老师为首的一批教师致力于教师德育研究,已出版诸多专著。学生队伍建设方面,依托院团委学生会、流霞剧社、博晖文史社等学生社团和组织,阳光家教暑期社会实践支教项目、话剧节、口述史调研等均已实现常态化,为学生师德、师能、师技的提升奠定良好的平台和基础。

(3) 资源配备。我院拥有一批全省优秀教学名师和兼职名师,经常邀请名师来校讲课,广泛向学生传播教育教学理论与一线从教感悟。我院每年拨款数万元用于师范生技能提升工程,专款用于教师对学生的实训和指导上。学院建有泽地书院导师辅导员工作室,作为实训常用场地。

(4) 制度建设。学院制定有《人文学院二类学分认定办法》,将参与师范生技能提升、暑期社会实践支教项目纳入到二类学分的认定中来,能够调动学生学习积极性,真正主动投入到这些活动中来。

搭建人人参与学科竞赛平台
创新荣誉学院人才培养模式

——经亨颐学院"一人一赛"学术竞赛节

一、项目背景

杭州师范大学经亨颐学院作为我校师范生教育改革的试验田,经过数年探索,在师范生培养方面取得了一些成绩,但在学院人才培养模式方面还有需要完善加强的地方。学生经过十几年以应试教育为主的义务教育,在进入大学学习后,出现很多不适应的状况。主要表现为自我学习、自我发展的能力缺失,出现学业成绩持续下降、沉溺网络游戏等状况。虽然学院通过新生始业教育、职业生涯规划等活动努力向学生渗透自我管理的理念,但短期的讲座无法取得长期、持久的效果。如何使学生始终以积极主动的姿态不断提升专业素质,是我们亟待解决的问题。

二、项目目标

学科竞赛是推进教学改革的重要手段,是培养学生创新能力、提高综合素质、实现学生个性化培养的重要途径。学科竞赛在紧密结合课堂教学的基础上,以竞赛的方法,激发学生理论联系实际和独立科研的能力,通过实践来发现问题、解决问题,以增强学生学习、工作自信心的系列活动。本项目通过搭建院级人人参与的"一人一赛"学科竞赛平台,在学院中营造浓厚的学术氛围,培养学生自我管理意识,提高各专业学生的专业素养。

三、项目意义

（1）通过学科竞赛明确学习意义。树立科学的学习目标，才能拥有持续的学习动力，推动自己不断地前进。在大学的学习中，除了课堂学习，学科竞赛是另一种有效的学习方式。通过对学科竞赛的参与、探索和深入了解，能使很大一部分同学感受到科学的力量，提高大家对学习的兴趣，明确学习的重要性，进而养成终身学习的习惯。

（2）通过学科竞赛寻找学习方法。参加学科竞赛，能使大学生全身心投入到竞赛当中。学生们会认真寻找有效的途径进行创作，到图书馆查阅资料等，学习新的知识，掌握解决问题的方法。在这个过程中，他们需要主动请教老师、学长，再进行资料查询、开展实验等，在反复失败和磨合的过程中，找寻到胜利的途径和方法，提高沟通能力，增强主动学习意识，锻炼和发展吃苦耐劳的精神。

（3）通过学科竞赛熟悉团队协作。大学生学科竞赛是一个团队协作的过程，需要有领导者、策划者和操作者等不同角色的参与。通过几人之间的相互协作，充分发挥各自的长处，共同完成某一特定的任务。在此过程中，组织者、策划者和操作者等不同角色各司其职、各尽所长。由于性格和习惯的不同，彼此之间还需要磨合，并选择最优的方案。即使是个人赛，也需要请教教师、学长等。这也是在与他人的交流和沟通中实现自我学习管理的有效途径，是团队协作的一个重要方面。

（4）通过学科竞赛锻炼实践能力。实践能力的锻炼培养使学生能更好地将书本中的理论知识与实践相结合，能对客观事物进行深入的理解，增强其对规律的认识。学科竞赛要求参与者亲自进行实践和操作，需要广大同学进行深入的调研、认真的分析，解决存在的问题；将创意融入作品，实现创新。学科竞赛更是一个连续性的工程、整体性的工作，需要大学生以全局的角度和系统的方法来思考，在具体的实际中探索，把理论与实践相结合，使自我的实践操作能力得到更好的锻炼发展。

四、项目举措

（1）全院覆盖，鼓励人人参与。为培养学生自主学习意识，在学院中营造浓厚的学术氛围,提高各专业学生的专业素养,为校级及以上学科竞赛培育更多的优秀人才,我院的"一人一赛"学科竞赛采用了鼓励学生人人参与的方式。每年的3—5月、9—11月是学院的竞赛季。我们会组织中文、英语、数学、物理各专业相关的竞赛活动。同学们参加竞赛的成绩可以记入学生综合素质评价的发展素质评价体系。

(2)阶梯构建,明晰各年级重点。根据我院师范类学生人才培养方案中各年级课程的不同,"一人一赛"学生科研竞赛制明确了各年级的侧重点,例如大学一年级文、理科综合培养,文科生的重点在扩展知识面,大量阅读经典文献;理科在理性思维的构建。大学三年级的侧重点在师范生技能的培养和实践教学能力的提高等。

(3)课程结合,不增加额外负担。"一人一赛"学生科研竞赛制覆盖较广。为保证竞赛的学术性、为不增加学生额外的负担,学院将竞赛管理与课程建设有效结合。在学期末,学院将联系各专业的专业负责人,由专业负责人向任课教师征求竞赛需求,帮助规划下学期的竞赛项目。一些竞赛项目可由任课老师在课堂上组织进行,课程的作业即是竞赛作品。这样操作既保证了竞赛安排的学术性、合理性,又未增加学生的额外负担,可以帮助学生以竞赛为主线,以达到学业规划的目的。

(4)高度重视,建立长效奖励机制。有效的激励能提升学生对学科竞赛的参与热情,保持参赛的积极性。学院根据自身情况,制定了《经亨颐学院学生科研竞赛管理办法》。其中规定:学院将根据学生获得的校级立项资质的金额,给予一定的配套奖励。

五、项目保障

我院历来重视学生科研工作,2014年成立学科竞赛领导小组,并成立了学科竞赛办公室。学院分管领导担任竞赛办公室主任。学院教务科、学工办职责清晰,共同协作。自2015年来,出台了《经亨颐学院学科竞赛办法》等五规程、五办法,为学科竞赛平台的搭建提供了强有力的保障。

另外,经过学院多方面的培育,形成了良好的学院学风,学生科研兴趣更加浓厚。这是本项目开展的重要基础。

六、项目成效

2011年至2015年间,学生获得校级科研立项98项,其中省级及以上立项10项,参与学术科研申报的学生人数占学生总数的60%以上。学院学生在学科竞赛上也取得不俗成绩,仅在2015年就有110人次在省级以上学科竞赛中获得奖项,包括国际大学生数学建模竞赛一等奖、"东芝杯"全国师范生技能竞赛二等奖等。

树立远大医学理想　弘扬高尚医德医风

——医学院"医路人生"项目

西方国家在进入20世纪80年代以后，通过医学人文教育来强化职业价值观教育，已经取得了较好的成效。我国医学院校也越来越重视医学生的职业价值观教育，但仍处于逐步探索阶段。目前，我院医学生的职业价值观教育主要包括三个层面：一是将人文素质类课程纳入公共必修课程，并设置医学伦理学等选修课；二是加强第二课堂建设，其中以"医路人生"最具代表性；三是开辟第三课堂，如实施"关爱生命计划"，建立"关爱生命"实践基地等。本项目即以"医路人生"品牌为统揽，重点打造我院医学生职业价值观教育的第二课堂体系。

一、基本概况

（一）现实意义

"医路人生"围绕医学生职业价值观教育，以专家导航、教师导学、学长朋辈教育三个层面为切入点，以访谈、讲座、沙龙等等形式，分享前辈的医路经历和人生感悟，帮助在校医学生树立医者的崇高理想，做好职业生涯规划，树立起良好的职业价值观。本项目有着重大的理论和现实意义。

1. 背景及意义

2004年，中共中央、国务院《关于进一步加强和改进大学生思想政治教育的意见》明确地指出："理想信念教育是大学生思想政治教育的核心。"胡锦涛同志在全国教育工作会议上，从党和国家工作全局的战略高度，提出了推动教育事业科学发展的"五个必须"，充分体现了党中央坚持以科学发展观统领社主义现代化建设全局，引领教育改革发展，促进人的全面发展的总体战略思想。杭州市委书记黄坤明在我校所做的形势政策报告会上，寄语我校"坚定不移创一流，坚韧不拔走新路"，他希望广大学生要刻苦学习、深入实践，既仰望星空，又脚踏实地，把自己培养成为有理想、有能力、有作为的人，以执着的信念、优良的品德、丰富的知识、过硬的本领承担起国家和人民赋予的历史重任。高等学校全面贯彻党的教育方针政策，做好大学生培养教育工作，必须始终立足新的历史条件和新的形势，从全局的高度认识和把握育人为本、德育为先的重要性。作为基层团组织，我们必须积极发挥共青团广泛联系青年、团结青年的优势和服务青年、引领青年的作用，通过深化主题、创新形式、完善制度体系，强化大学生的理想信念教育，帮助广大团员青年树立正确的世界观、人生观、价值观，积极承担时代赋予的重任。同时，我校"建设省内乃至国内一流综合性大学"的战略目标，以及攀登工程打造发展型学生工作体系，都要求我们加强校园文化品牌建设，为培养一流学子营造良好的校园文化环境。

　　医生是个特殊的职业，承担着"济世活人"的神圣使命，是个职业价值观要求非常严苛的职业。然而近年来，医疗卫生系统收受红包等败坏医德医风的不良现象丛生，医患关系日益紧张。如何从根源上解决问题？对医学院校而言，就是要加强在校医学生医德医风的强化教育，使医学生在人生观、世界观形成的重要时期，就牢固树立起科学的职业价值观。然而在社会经济快速发展的今天，各种思潮冲击着大学校园，"90后"和"95后"医学生在职业价值观上也表现出了"思想开放、个性独立、高度自我和依赖思想"等问题。医学生积极追求个人价值，成就欲望明显增强，他们的职业价值观从"关注社会"到"关注个人"，逐步形成"利义并重"（集体与个人兼顾）的合理的功利主义倾向的价值观，在择业时将发展前景、成长的机会、薪酬福利、自我需求作为择业的主要关注因素。也有部分学生受市场经济与西方文化的负面影响，过分看重经济效益，有意躲避应该担负的社会责任。因此强化医学生职业价值观教育既是一项刻不容缓的重大工程，也是一个富有挑战性的复杂课题。

　　2. 理论创新

　　（1）"医路人生"创新了医学生职业价值观教育的实践模式。职业价值观就是个人的价值观念在职业选择和职业生活上的体现，反映了人们的需要与社会职业属性之间的关系，是对职业评价、职业选择、职业价值取向等的总体看法。它对大学生今后的职业生活起着关键性的指导作用，不仅直接决定了他们的择业行为，而且对于其今后的工作态度、工作积极性，乃至整个社会的发展与进步都将产生深刻的影响。基于医学生职业价值观的重要性，"医路人生"很好地将医学生的理想信念教育与职业特色有机结合起来，既将前者落到了实处，又使后者得到了升华。

（2）"医路人生"创新了校园文化活动"一牌多品"的发展模式。"一牌多品"策略模式也叫单一品牌策略模式或品牌延伸策略模式。它是指现代企业将自己原有的品牌沿用到不同类别的产品上，形成几类产品一个牌子的情况。目前，我院医德医风教育的小品牌活动较多，因此资源分散，无法统筹，造成老品牌发展遇到"瓶颈"、小品牌发展缺乏支撑等问题。"医路人生"有效整合了全院活动资源，为原有品牌活动注入了新的活力，也为新生活动提供了更高的起点和更多的支持，有利于我院活动品牌的整合提高，深化了我院的校园文化建设。

（3）"医路人生"是对第一课堂医德医风教育的有效补充。在课堂之外，为专业教师传道解惑打造了良好平台，促成了第一课堂与第二课堂有机结合；同时，邀请考研或就业成功的学长为低年级学生传经送宝，畅谈大学规划，是大学生朋辈教育的有效形式。

3. 实践应用价值

（1）有利于医学生树立远大职业理想。"医路人生"邀请名医大家莅临访谈现场，与同学们分享他们人生经历中的坎坷挫折、坚持不懈以及最终的胜利果实，为同学们树立起人生前进的风帆和远大目标的导航明灯。

（2）有利于强化医学生人文关怀和医德医风。嘉宾在活动中讲述发生在医院里的"生离死别"，讲述自己的行医感悟，让同学们提前感受生命的伟大，在内心深处升腾起对生命的敬畏，提高自身的人文关怀和道德情操。

（3）有利于提高医学生的专业认同感。"医路人生"让医学生在与来宾的近距离接触中感受医学事业的神圣和柳叶刀的无比魅力，坚定医学生学医、从医的信念。

（4）有利于医学生科学开展大学规划和职业生涯规划。通过教师嘉宾畅谈自己的人生经历和职场感悟、毕业学长细数自己的大学规划和考验就业经验，为医学生打开就业和职业发展的窗口，提前规划自己的大学生活和未来的职业生涯。

（二）建设现状

我院"医路人生"活动目前呈现三种形式："医路人生"名家访谈；"师承医髓"师生沙龙；"薪火相传"考研论坛。建设现状如下：

（1）"医路人生"名家访谈。"医路人生"名家访谈，是以医学名家被访者自身的人生经历与学医体会为主要内容的医学团员青年成长教育访谈节目，是我院医学生"人生教育的课堂，职业引导的平台"。自2006年第一期正式开讲以来，名家访谈坚持社会主义核心价值观，以"仁心仁术，铺就医者康庄大道；真情真意，书写医者辉煌人生"为文化理念，提供医学之路成功模板，以榜样的力量激发学生对医学事业更多的探索思考，引导学生树立科学正确的职业价值观，规划自我成长之路，提升人文素养。至今，访谈已成功举办十八期，参与听众达3500余人次，受到我院师生的极大欢迎。

（2）"师承医髓"师生沙龙。"师承医髓"师生沙龙，以小型沙龙式的近距离交流方式，邀请医学专业教师讲述他们的医学历程、医学情感及医学前沿知识，并与参与学生展开热烈讨论交流。截至目前我们已成功举办了20余期，参与人数达1200余人次。内容上覆盖了内、外、妇、儿、口腔、中医学等临床医学学科。主题有人文素养类，如"心心相通，和谐医患""医路人生，心血之旅"；有学科导航类，如"刀尖上的舞者""多彩的影像世界"；有方法论类，如"科研导师的'多产'秘诀""临床思维的培养"等等。嘉宾经历也是丰富多彩，有临床经验丰富的，有科研成果丰硕的，有留学海外的等等。每一期的嘉宾都用他们幽默直爽的语言、豁达的人生态度，从对大学生活的回忆、对医学之路的总结、对生活的感悟、对名利的态度等方面讲述了他们的"忆、医、懿、逸"的医术人生，为医学生诠释一名合格医者的医德医风，也为他们指明了前行的方向。

（3）"薪火相传"考研论坛。众所周知，医学是一门艰深的学科，本科学历对于一名有着远大理想和职业生涯规划的医学生来说是远远不够的。而且随着就业形势的日益严峻，考研已成为越来越多医学本科生的第一选择。近年来，我院在推进本科生考研工作上出台了很多举措，其中重要一项就是"薪火相传"考研论坛。论坛邀请当年在考研中取得优秀成绩的应届毕业生，为在校生讲述他们的大学规划、人生规划、考研意向和方向、备考过程等，同时也会邀请学院有关领导、教师介绍医学生就业形势。自2008年以来，考研论坛已成功举办十九期，参与听众达2000余人次。近几年我院学生研究生报考率和录取率也逐年攀高，2016年临床医学专业考研录取率达到了30%，创历史新高。

通过开展以上交流活动，医学名家、专业教师、学长校友以自身经历、人生经验和生活学习感悟，为在校医学生提供参考借鉴，发挥榜样激励作用，为他们答疑解惑。这对我院医学生在人生方向选择、人生规划制定和价值观成型等方面发挥了较好的导向和辐射作用。总体来说，我院的职业价值观教育的第二课堂已初具雏形，"医路人生"活动的品牌效应已初步形成。但仍存在较多问题，如"医路人生"专家访谈期数太少、"师承医髓"师生沙龙过于密集、"薪火相传"论坛主题单一等等。因此"医路人生"还有较大完善空间，这也正是本项目以期完成的任务。

（三）优势条件

一是"医路人生"品牌建设已有一定积累和较好基础，在校内外都有一定的影响力。二是学院师资力量雄厚，附属医院为数较多，嘉宾选择空间更大。三是临床医学专业建设已有30余年历史，为社会输送了一大批优秀医务工作者。

二、建设目标与思路

（一）建设目标

通过"医路人生"品牌活动，完善我院医学生职业价值观教育第二课堂体系，深化医学生专业认识和专业思想，帮助医学生树立远大职业理想，开展好职业生涯规划；提升医学生的人文素养，培养高尚的医德医风和责任奉献意识；努力培养"临床技能精、人文素养高、综合能力强的医学合格人才"。

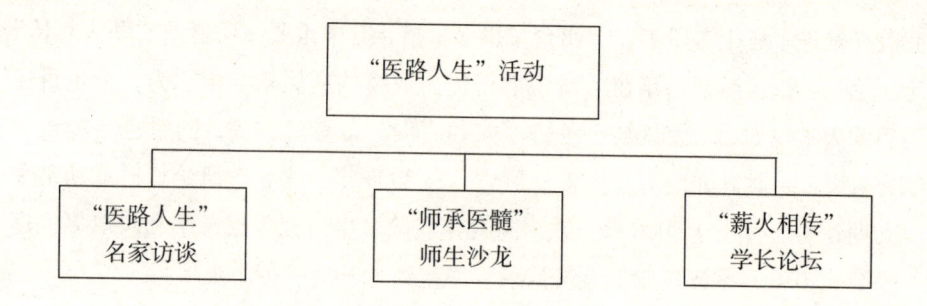

```
                    ┌─────────────────┐
                    │  "医路人生"活动  │
                    └─────────────────┘
              ┌────────────┼────────────┐
    ┌─────────────┐ ┌─────────────┐ ┌─────────────┐
    │ "医路人生"  │ │ "师承医髓"  │ │ "薪火相传"  │
    │   名家访谈  │ │   师生沙龙  │ │   学长论坛  │
    └─────────────┘ └─────────────┘ └─────────────┘
```

（二）工作思路

以职业价值观教育和职业生涯规划引导为主线，坚持"主导性与多样性相结合、职业理想与大学规划相契合、个人意志与职业道德相统一"的原则，整合学院资源，重点打造"医路人生"名家访谈、"师承医髓"师生沙龙、"薪火相传"学长论坛三个板块，形成"医路人生"一牌三品的格局，打造完善的医学生职业价值观教育第二课堂体系。在本项目的统筹下，三个子项目要进一步明确定位，使活动制度化、常规化。

（1）完善讲座主题，注重人生导航与具体指导相统一。进一步明确名家访谈、师生沙龙、学长论坛的不同定位，从人生理想、价值取向、专业发展、学术学习、大学生活、就业考研等不同层面为团员青年扫除思想障碍，明确人生目标，清晰人生规划。

（2）扩大活动覆盖面，充分考虑参与层面的普遍性与针对性。进一步强化名家访谈的名人引导效应，邀请医学名家讲述人生历程，引导广大团员青年树立远大理想目标。同时，邀请专业教师和优秀毕业生就某一人群、某一时期共同关注的主题开展近距离交流，为医学生提供具体指导。

（3）加强规范化与制度化建设。制定《"医路人生"工作规程》，明确讲座主办方、频度、面向及工作要求，形成前期调研和后期反馈机制，制作成果册加大宣传，使讲座组织和宣传进一步规范化、系统化，提高工作水平和活动实效。

三、实施方案与过程

（1）名家访谈每学期一期，邀请省内外医学名家做客"医路人生"，重在职业理想和职业道德层面的探讨，面向全体医学生。该子项目已运作较为成熟，影响最为广泛。

实施重点：嘉宾的选择，前期的沟通，访谈环节话题的设计和挖掘，互动环节的效率。

实施组织：学院团委

（2）"师承医髓"师生沙龙定位是探讨医学生在求学道路或职业生涯规划过程中某具体共性问题的平台，如新生如何适应大学学习，大三学生如何选择模块课程、大四学生实习医院的选择、如何在实习中受益更多，等等。每学期若干期，规模20～30人。由于沙龙举办频率较高，应建立相对固定师资库，减轻活动组织负担。

实施重点：主题的收集与选取，师资库的建立与管理。

实施组织：学院学生会

（3）在"薪火相传"考研论坛的基础上，丰富主题，加入"职业规划""就业意向""就业技巧""考公"等因素，完善为"薪火相传"学长论坛。每年两期，上半年重在考研、考公交流，下半年重在就业择业交流。

实施重点：嘉宾的选择和前期沟通。

实施组织：学院就业服务中心

（4）建立主持人人才库、沙龙师资库、校友信息库等。

（5）建立并完善前期调研、后期成效"双反馈机制"。

（6）制作成果册，加大宣传力度，扩大辐射影响。

（7）根据反馈结果，进一步完善医学生职业价值观第二课堂教育体系。

四、保障条件

（1）学院领导高度重视和支持医学生职业价值观教育，为各项活动的推进在人力、财力上等各方面提供有效资源。

（2）加强学生组织和学生干部队伍建设，保障各项目有序推进。

（3）建立调研反馈机制，在完善"医路人生"品牌活动基础上，打造科学的医学生职业价值观教育第二课堂模式。

"爱·阅"经典 弘扬传统文化
——政治与社会学院大学生学风素养提升工程

一、本项目的基本概况

"爱·阅"经典项目是一个以传播和弘扬中华民族传统文化精髓,启迪和培育学生养成良好阅读行为习惯和卓越道德品质为目标的学风素养提升工程。

二、本项目建设的目标与思路

项目建设围绕"一个中心、三大维度、四种教育"来开展。

(1) 一个中心:以培养学生"勤学、修德、明辨、笃行"卓越道德品质为核心,探寻一条"经典阅读"学风建设新思路。依托经典著作蕴含的深刻哲理与文化内涵,通过阅读,开阔学生视野,修缮学生内心,陶冶学生情操,促进学生自我觉醒、自我约束、自我激励。

(2) 三大维度:教师、教学、朋辈三大维度。重视教师在经典阅读过程中的引领示范作用。发挥课堂对学生阅读经典、领悟经典、践行经典的作用。重视朋辈在经典阅读过程中的相互督促、相互进取作用。

(3) 四种教育:启迪教育、心灵教育、修身教育、力行教育四种不同层次的教育。启迪教育是"爱·阅"课堂的敲门砖,涵盖学风、理想等模块;心灵教育是"爱·阅"课堂的重要组成部分,涵盖自省、自悟等模块;修身教育是"爱·阅"课堂的重点,涵盖行为、气质等模块;力行教育是"爱·阅"课堂的终极目标,涵盖"践行、奉献、反哺"等模块。通过渐进式、渗透式经典阅读,深化项目建设内涵与育人目标。

三、本项目建设的实施方法与过程

围绕"一个中心、三大维度、四种教育","爱·阅"经典项目确定了"四进""五化"的项目建设举措。具体如下:

(一)"四进"即经典阅读"进课堂""进社团""进网络""进考核"。

(1)推进经典阅读进课堂,以课堂正学风。强化"课堂"阵地意识,依托"爱·阅"经典阅读课堂,分级、分阶段开展"启迪""心灵""修身""力行"四种层次的经典阅读教育。精心选编阅读目录,邀请专业教师、国学大师开展"经典导读";尝试专业方案调整,开发经典阅读课程;加强师生互动,发挥专业教师、班主任在经典阅读中的言传身教和榜样示范作用,逐步深化"爱·阅"经典课堂各项举措。

(2)推进经典阅读进社团,以活动促学风。充分发挥"朋辈"社团第二课堂作用,借助"朋辈"社团开展贴近学生、贴近生活的经典阅读活动,依托社团活动,创设"爱·阅"经典润物无声教学环境,让学生在自娱自乐、潜移默化中感受经典熏陶,自觉践行经典文化内涵,修缮内心。设计开展"经典阅读沙龙"、"重温经典·感悟生活"情景剧、"经典阅读·智力大比拼"、"经典阅读·闯情关"等主题活动,增强经典阅读活动的群体吸引力和参与度。

(3)推进经典阅读进网络,以文化育学风。结合95后学生群体特点和新媒体信息传播优势,创新经典阅读宣传、推广方式,发挥微信、微视等自媒体优势,开展便携式、互动式经典阅读方式,做好"经典阅读·微课堂""经典阅读·微先锋""经典阅读·微互动"等新媒体编辑、选送工作,营造便捷、有效的经典阅读网络文化氛围,以文化育学风。

(4)推进经典阅读进考评,以管理树学风。建章立制,积极发挥制度对经典阅读活动的"激励"与"约束"作用。颁布出台《政治与社会学院学生经典阅读考核办法》,明确要求全院学生四年间必须"阅读一本经典著作、参加一次经典阅读活动、撰写一篇经典阅读心得、聆听一次经典阅读报告"工作要求;组织开展"年度阅读之星""优秀读书报告"评比,对于优秀的个人和报告予以表彰和奖励。通过相关的规章机制,培养学生良好的学习行为,形成良好的学习氛围。

（二）"五化"即经典阅读"全员化""全程化""专题化""目标化""人性化"。

（1）经典阅读全员化。建立由院长牵头，教务、学工密切配合，各系教师、专家、校友、朋辈通力合作的经典阅读"三级联动"工作机制。逐步形成领导重视、科室协调、教师参与、校友关注、同学互助的全员工作格局，助推经典阅读工作持续、深化发展。

（2）经典阅读全程化。全面实施经典阅读全程化指导体系，分年级、分阶段确定经典阅读书目和考核目标，有针对性地指导和引导学生开展经典阅读，将经典阅读贯穿大学四年，让学生长期沐浴经典，将经典文化内涵"内化于心、外化于形"。

（3）经典阅读专题化。按照学生群体特点和知识接受规律，科学开设"勤学""修德""明辨""笃行"四个渐进式专题，将专题教学与新生始业教育、在校生教育、毕业生离校教育紧密结合，在学习实践中，培养学生"勤学、修德、明辨、笃行"内在品质和行为习惯，强化专题育人成效。

（4）经典阅读目标化。坚持目标化考核，将日常项目建设纳入项目常规考核。重视对学生阅读经典数量、质量的考核，也加强对专业、系所和教师目标考核，多维并举，构建全方位的项目考核、督查体系。

（5）经典阅读人性化。注重人文关怀，凸显以人为本，深入关心学生在经典阅读过程中所面临的困惑与困难。完善经典阅读导师结对制度，积极开展经典阅读朋辈互助活动。开辟经典阅读活动场所，添置经典阅读书籍，多方位、多举措营造良好的经典阅读环境。

（三）项目实施具体步骤

"爱·阅"经典项目以四年为一周期，一年为一考核期，每个阶段都有相应的建设重点。

大一："勤学"专题。侧重经典阅读氛围的营造与学生良好阅读行为习惯的养成。

大二："修德"专题。侧重于经典阅读对学生个体道德素养的启蒙与培育。

大三："明辨"专题。侧重于经典阅读中各种道德判断与行为准则的选择。

大四："笃行"专题。侧重于经典阅读对学生个体道德实践与道德奉献的锤炼。

四、本项目建设的保障条件

"爱·阅"经典项目建设是基于对学校、学院情况的全面分析基础上而提出的。

（1）学校号召。我校一直贯彻"人文学堂、艺术校园"的办学特色，期望能通过经典和人文的教育绵延百年以来的办学传统，这为"爱·阅"经典项目的开展营造了良好的氛围。而今年暑期工作会议和新生迎新典礼上，校长杜卫又再次号召全体师生开展经典阅读，注重人文素养教育，无疑为项目的展开提供了有力的政策保障。

（2）学院重视。学院一直以来有"经典教育·德行涵养"教育传统，在三十几年的办学历史中，积累和形成了着丰富的"经典教育"项目资源和实践经验，能够为"爱·阅"经典项目实施提供了良好的基础和保障。

（3）学生需求。作为"爱·阅"经典项目的教育对象，思政、社工两个专业学生对于该项目有着更为迫切的需求。一方面，专业培养方案本身就蕴含着对学生个体卓越道德素养和人文情怀的培育；另一方面，作为教师和社工，未来的职业发展更需要个体具有高尚道德情操和坚韧不拔的求索精神。因此，他们对于经典阅读有着天然的亲近感。

（4）师资雄厚。教师是"爱·阅"经典项目教育实施的关键，而作为一个人文社科类学院，我院拥有一大批国学大家和优秀教授，何俊、朱俊瑞、邓新文、朱晓鹏等名师大家为我们院"爱·阅"经典工程的开展提供了优秀的师资基础。

（5）资源配备。学院成立工作小组，下拨活动专款，专款专用、财政扶持充足；依托学校，配备各项硬件设施，如图书馆、教室等硬件设施。软件设施：配备优秀的人才师资队伍，充分发挥学院优势，有助于项目深入推进。

04

| 实践育人篇 |

播撒一片阳光　温暖一张书桌

——人文学院"阳光家教"志愿服务项目

坚持十四载的杭州师范大学人文学院"阳关家教"专业志愿服务活动，乃人文学院的品牌志愿服务项目，"阳光家教"主要内容是利用志愿者师范专业优势，主要前往外来务工人口聚集的社区，面向社区农民工子女、贫困生开展免费家教活动。项目的目标是针对当下中小学教育对象资源享受不平衡等现象，以期将爱心和关怀以家教形式传递到社会各个角落。

一、项目起源及总体情况

项目起源于2003年人文学院在杭州市上城区小营巷社区开展的免费家教系列活动。到2005年，人文学院将"阳光家教"志愿服务项目延伸至下沙校区周边多个社区展开。2013年搬迁至仓前校区后，连续坚持开展10年的志愿服务项目又在仓前校区继续扎根发芽生长，先后与蒋村仕林社区等地开展志愿服务合作，至此"阳光家教"成为人文学院每年学生生活的重要内容之一。截至2016年10月，"阳光家教"志愿活动累计开展志愿服务时数达30000个小时，累计有14294人次参与志愿活动。随着"阳光家教"活动的深入，项目本身也在不断优化和改革。如现在人文学院采取的是"二对一"的形式，就弥补了前期"一对一"家教形式中家教老师只有一名，知识结构传授不全面等缺陷。而近年来，项目又将社团活动嫁接到志愿者服务项目上，创新了项目内容，为项目注入了新活力，同时也取得了丰硕的成果。

二、项目实施内容

近一年来，我院"阳光家教"专业志愿服务项目继续深化发展，在志愿服务基地建设、志愿者队伍建设、服务项目内容建设几个方面不断思考，并用实际行动继续打造品牌。

（一）夯实志愿服务基础，搭建阳光家教平台——志愿服务基地建设

学院通过走访、了解和合作谈判，相继建立了仕林社区、仓前中学、杭师大附属仓前实验中学等基地，并且在此基础上进一步商讨了志愿服务项目内容的延伸、服务对象的确定等工作。除了"家教"志愿服务以外，"阳光家教"团队应杭师大图书馆邀请，在家教备课学习之余承担了校图书馆资料及图书整理的志愿服务工作，在做好对外志愿服务的同时，不忘服务好校内师生。两年来，图书馆志愿者受到了图书馆领导的一致好评。

（二）丰富志愿服务基础，增强阳光家教黏性——志愿服务内容拓展

（1）携社团入志愿工作，实现志愿服务和社团文化建设双赢。学院团委从社区实情和学院社团发展事情出发，将"阳光家教"同社团活动做有机结合和嫁接，在"阳光家教"分活动"阳光小课堂"中加入人文学院六大社团活动因素，筹划邀请社团精品活动进社区，以此为媒介，将志愿活动主客体做双向延伸。一方面丰富了孩子们"家教"以外的生活和学习，另一方面实现了社团文化活动的"走出去"。同时也借助这种活动，无形中让额外的"社团人"也积极参与成为志愿者。

（2）采取"二对一"形式，弥补了"一对一"家教中缺陷。随着"阳光家教"活动的深入，项目本身也在不断优化和改革。如现在人文学院采取的是"二对一"的形式，让不同志愿者接触同一位接受家教学生，就弥补了前期"一对一"家教形式中家教老师只有一名，知识结构传授不全面等缺陷。

三、项目社会效益与成效

（1）项目取得了一定的社会意义。项目的开展丰富了孩子的课余生活，提高了其学习兴趣。有利减轻贫困学生接受教育的经济负担，丰富了孩子课余生活，部分留守孩子周末得到看管，保障了孩子安全，给予单亲家庭孩子情感上的帮助。为贫困学生送去了温暖。截至2016年10月，共计有1300多个家庭约2000名农民工子弟学生直接接受志愿服务。

（2）项目促进了大学生志愿者的素质与能力。志愿服务项目的开展充实了

在校大学生的课余生活,将理论付诸实践,增强了大学生志愿者的教学修养,有效将理论学习与实践有机结合,提升了其师范生的相关教学技能。提升了大学生社会责任感,回馈社会,关爱社会,奉献爱心。展示我校大学生风采,帮助学生树立了正确价值观。截至本学期,近千名本科生参与了志愿活动,在调研中,家教活动对其成长和就业以及社会适应等方面都产生了正面影响。

(3) 扩展校园文化的辐射范围。大学生社团文化因素的加入,为志愿服务工作增加了更深层次的内涵,增强了项目的吸引力和文化属性,从深度和广度深化了志愿服务项目。

创新载体 引领青年 提升服务青年水平

——杭州国际服务工程学院"校园114"服务平台建设

一、项目背景

当前,高校大多采用高耸型、多层级的党政共管型学生管理模式,信息往往经过学校、学院、班级最后传送至普通学生,严重影响了信息的顺畅沟通和及时传达。从学生的视角来看,由于管理层次多、各层级职权不清晰、管理幅度相对狭窄,使学生不能清楚了解各部门的职能,不利于快捷地找到对应部门处理相关事务。这不仅阻碍了事务服务效率的提高,同时也不符合"以生为本"的理念。

中共中央、国务院下发的《关于进一步加强和改进大学生思想政治教育的意见》强调指出,校园文化具有重要的育人功能,要建设体现社会主义特点、时代特征和学校特色的校园文化,形成优良的校风、教风、学风。在加强校园文化建设的背景下,如何体现"以生为本",切实提高事务服务效率,满足学生日常学习、生活、工作中个性化服务的需要,已成为高校学生工作面临的重要课题。

学校大力倡导构建"发展型学生工作体系",强调在教师的主导下,充分发挥学生主体作用,实现学生自我管理、自我服务、自我教育。杭州国际服务工程学院团委结合学院实际,敢为人先、率先实践,建设"校园114"服务中心(以下简称"校园114"),以提升服务青年的水平。

二、项目意义

(1) 落实构建"发展型学生工作体系"的需要。"校园114"项目符合《国家中长期教育改革和发展规划纲要》提出的"以生为本，充分发挥学生的主动性"的有关要求，符合学校学生工作发挥学生"三自"作用的需要。本项目契合学校"构建发展型学生工作体系"的基本思路，加强党建带团建、团建促党建，充分发挥了学生党员、团员青年在服务和管理中的重要作用。

（2）满足"互联网+"时代青年学生的信息诉求。随着"互联网+"时代的到来，青年学生学习和生活的观念以及方式也迅速地发生了相应的转变。他们希望能够随时随地、便捷地通过网络平台获取所需要的信息资讯。当校外的媒介能够满足其有关需要而在校内却无法快捷获得相关信息资讯时，强烈的反差催生了更加浓厚的信息诉求愿望。"校园114"定位为"互联网+"时代实现便捷查询、优化服务的校园搜索引擎。

（3）满足新青年学生的组织化诉求。90后青年学生带有时代高速发展、急剧转型的鲜明特征。他们视野开阔，善于借助网络资源获取信息，自主意识和维权意识强，排斥传统的灌输教育模式。如果不能够处理好新青年学生的利益诉求，不能够掌握并尽快妥善处理他们的舆情反馈，将会埋下影响安全稳定的隐患。"校园114"以青年学生自主管理为特点，利用网络新媒体和大众文化感染新青年、服务新青年，以学生组织为单位合理表达青年利益诉求，发挥好思想政治工作的人文关怀效应和心理疏导功能。

三、项目实施

"校园114"于2009年秋季开始策划并试运行，以企业管理模式开展运作，以党建为龙头，功能定位包括党建小助手、信息咨询、权益维护、事务处理等。"校园114"以"沟通在指尖，服务在身边"为口号，并承诺24小时内给予采纳意见、具体实施或反馈。

（1）重辐射，搭建一个服务平台。整合利用现有服务场地，开拓生活区服务场所，搭好"校园114"服务阵地。首先是设立"敞开式"服务大厅，在学院学工办、团委办公室及生活区的导师工作室安排服务窗口，实行"面对面"办理，方便同学办事，提高效率。其次是开通服务热线28868114，并将服务热线与微博微信等平台相对接，全面实现线上线下同服务，实现最大程度上的资源共享，及时且高效地回应同学们的服务需求。第三是延伸"校园114"服务触角，打造舆情收集和反馈的新平台，主要途径是通过新媒体建设，开通相应的微信公众号和微博等新媒体渠道，收集学生舆情，并及时反馈到相关部门，通过新媒体渠道对所得结果进行发布和反馈。同时，"校园114"在学期内的每一天都会安排相应值班人员，对同学们在微信公众号中提出的问题进行回复，增强组织与同学的联系。

（2）重培训，打造一支服务队伍，首先是进行"专业化"组建。根据学生党员、团员青年的专业特长、兴趣爱好等情况，科学配置，优化组合，分类组建"校园114"服务小分队，以应对问题的多样性；其次是开展"针对性"培训，综合利用学院资源，通过集中学习、仿真业务等形式进行相关人员培训，加强同学的服务能力；第三是实行"制度化"管理，健全完善"校园114"的队伍运作机制，制定年度工作计划，建立服务登记、星级管理、例会交流、表彰激励等制度，促进服务活动的扎实有序开展；第四是校企合作模式下的学生组织运行管理模式，设立总经理、副总经理、人力资源部、品牌推广部、信息部、宣传部等部门，借鉴企业管理经验，提高服务效能。

（3）重实效，开展全面、个性化服务。结合学院实际，向同学提供小型、灵活、多样的服务。一是开展"一站式"服务，将办理有关证件及所需证明的程序放到"校园114"平台，提供便捷化、一站式服务。二是开展"代办式"服务，"校园114"开辟办事"绿色通道"，为有困难或不方便的学生代办事务。三是开展"主题式"服务，结合学校和学院的阶段性重点工作和学生的实际需求，组织学生党员和团员青年为学生开展主题服务，增强服务的实效性，如迎新时，成立"迎新小分队"，制作、印刷和分发新生指南，并及时为新生提供信息咨询和事务办理等服务；在毕业生离校时，成立"欢送小分队"，协助学院开展毕业生离校教育，提供办理借还学士服、毕业手续代办等服务。

四、项目创新点

（1）党团联动，延伸党建服务触角。"校园114"加强了党建和团建的互动。学生党员、团员在同一个组织内开展活动，党团工作外化于形，在服务中树起一面旗。与时俱进，不断改进工作载体。充分合理运用90后学生熟悉的新媒体，实现"校园114"服务从线下到触网，创建以114热线、"校园114"公共微博和微信公众号组成的日常服务圈，实现指尖上的服务让学生的受益程度最直接、最大化。积极推动党建、团建进公寓。学生公寓是党团工作的主阵地，"校园114"主动走进生活区，在宿舍楼内开展面对面、主题式、个性化的服务工作，贴近学生的生活实际，拓宽了党团服务的覆盖面。

（2）实践服务，创新党团员再教育。"校园114"成员均为在校学生党员和团员，通过日常主动地为师生提供线上线下的服务，进一步深化党团理论的实践，切实增强了党团意识和服务意识，履行党团的职责，践行党团的宗旨，端正入党动机。"校园114"微信公众号和微博积极打造成为全体党员、团员加强理论学习的再教育平台，定期推送党务常识、优秀党员先进事迹、会议精神等推文，以学生喜闻乐见的方式传递党建和团建知识，真正履行党建小助手的职能。

（3）借鉴经验，提升服务青年效能。杭州国际服务工程学院是在国家实现产业结构战略调整、转变经济增长方式的背景下诞生的全国首家服务外包本科学院。学院坚持学校、企业、专业培训机构"三位一体"的办学模式，结合学院办学特色，学院团委积极探索在校企合作背景下校园文化的发展，将企业化管理理念导入学生组织，让青年学生在校内感受企业文化。"校园114"的组织管理模式正是在这样的背景下诞生的。"一站式"服务将学生事务工作系统化、模块化，提高了事务处理效率；以总经理、副总经理、人力资源部、品牌推广部等部门代替传统学生组织机构；工作开展过程中要求成员严格依照企业相关标准和规范，培养学生的职业素养。

（4）转变观念，强化学生"三自"教育。传统的学生管理模式是等学生有问题再去找到相关部门进行反馈以求解决，学生出现问题不知道找哪个部门的情况时有发生。"校园114"不仅既具备信息咨询和事务处理的功能，还肩负着学生舆情反馈和权益维护的责任。"校园114"将被动地提供服务与主动地介绍服务相结合，除了日常在线上线下为学生提供信息咨询、事务代办、舆情反馈等帮助，也积极地将事务办理、安全提醒、部门职能等相关信息通过微信和微博的推文进行介绍。"校园114"全程由学生党员、团员参与负责，服务口碑良好，赢得学生的大力信任和积极参与，使学生从单一受助对象变为受助与施助的共同体，从"他助"变为"自助"，体现出学生工作观念的转变。由于学生的参与面广,又转而成为学生工作可靠舆情信息的主要来源。

五、项目成效

(1)"校园114"运行至今已经7个年头,已初具规模,软硬件配套基本齐全。①通过整合学院办公资源,配备有专门的办公场地、办公设施;②建立了校园114呼叫中心,开通了一路语音电话——28868114,为学生搭建了便捷高效的服务平台;③利用新媒体平台,及时开通"校园114"微博和微信公众号,强化指尖上的服务;④建立起一支综合素质高、专业水平强的学生管理团队,配备了总经理、副总经理、人力资源部、品牌推广部、信息部、宣传部等职务及部门,全面负责"校园114"的运作;⑤以企业化管理制度保障运营,引入企业化管理理念,建立项目经理负责制、员工准入、考核、奖励、淘汰机制,制定了《校园114服务中心管理条例》《培训手册》《入离职规定》等相关管理制度。

(2)"校园114"深受青年学生欢迎。服务创新项目运行良好,能切实符合学生的实际需求,得到了学生的广泛认可。7年来,校园114共接到咨询电话2635余个,学生反馈舆情3200余条,帮助师生办理事务3850余次,直接服务师生4670余人次。"校园114"标准的工作流程、高效的贴心服务受到了广大师生的热烈欢迎和一致好评。同时,学生党员、入党积极分子在此过程中充分践行"为人民服务"的宗旨,使服务意识内化于心,入党动机在服务过程中不断端正,有效提升了学院学生党员及入党积极分子的质量。曾获学校2011年度基层党组织闪光言行,《浙江日报》、杭州网等媒体也曾给予报道。"校园114"自2013年开始与思政辅导员模块工作相结合,加大了服务师生的力度。

(3)"校园114"学生组织纽带作用强化,引领青年新风尚。"校园114"受到了学院、学校职能部门重视,青年学生的主体意识不断凸显,积极组织学生参与学院民主管理,并通过制度、政策等机制保障得以有效执行;作为学生利益代表,能有效维护学生的正当权益,实现组织化诉求,真正做到舆情上下通达,构建起学校与学生之间畅通的沟通渠道。"校园114"倡导"校园新风,助人自助""有事找校园114"。随着校园文化品牌的不断推广,"校园114"在广大青年学生中影响力不断加强,以校园新风尚引领青年、凝聚青年、发展青年。

（4）得到上级有关部门的充分肯定。"校园114"的成功运行，既服务了广大师生，又使学生党员和团员青年得到锻炼，是对高校学生党建工作的有益探索。为此，于2011年被评为浙江省教育系统"支部建设创新奖"。

六、经验启示

（1）以"校园114"创新服务为载体，进一步构建"扁平型"青年学生服务新模式。现代组织的发展趋势基本上是从金字塔模式向扁平化模式演进，通过拓展管理幅度、减少管理层次来提高管理效率。通过将学生事务工作外包给"校园114"，使"校园114"承担起学生事务处理站、舆情反馈员、权益维护者等角色，架构起"学生—'校园114'—职能部门"的工作机制。"校园114"创新服务新模式的探索真正面向青年学生的需要，直接向学生提供学习和生活方面的信息和建议（包括新生入学介绍、学习方法指导、课程选择、成长与发展咨询、心理咨询、对学校部门的建议和意见等方面），接受预约，解决、解答和处理学生的相关问题。"校园114"成为一个顺畅、快捷的通道和青年学生互动的信息中枢，青年学生的发展诉愿和询问会被迅速传递至有关部门，从而突破了信息传输的"学生—班—院系—校"自下而上又自上而下的层级障碍，提高了响应速度。

（2）将"校园114"打造成新型学生组织，发挥组织化诉求作用。依托现有的团学组织，重构学生组织，回归学生主体，回归学生组织本质，集中优势资源，将"校园114"打造成新型学生组织，使它成为学院党政、共青团组织和团员青年之间的重要桥梁。从学生所需要的具体问题做起，善于合理有效地表达和维护同学权益，维护同学的普遍性利益诉求，统筹舆情反馈，开设网上舆情信息反馈专栏来进一步规范、畅通沟通机制和渠道。

（3）提升"校园114"内涵，培育"校园114"文化。增强组织文化，深化育人功能。"校园114"要提升内涵，并要做到：不断拓展组织涵盖力，增强组织整合力，完善组织保障力；打造学习型、服务型、专业型学生组织团队，树立创新意识；开展服务创新项目，探索新的运作模式，可以尝试自行经营，逐步成为不依赖行政拨款的自主活动、自负盈亏的组织；导入企业管理理念，运用 CIS 企业形象识别系统、契约制度管理、项目制度管理等企业管理理念综合管理，改善组织工作模式，优化管理的考核机制，激发团队的内在驱动力。加大"校园 114"文化品牌培育力度，提炼学院创新文化、学生组织文化，增强品牌的可持续性，不断提升在广大团员青年中的影响力。

专业实践 服务社会

——医学院"老年护理银辉工程"

一、项目背景

(1) 顺应老龄化现象的加剧现状，搭建关爱老年人的实践平台。中国是世界上老年人口最多的国家，同时也是世界上人口老龄化速度最快的国家之一，老龄化问题非常突出。关注老年人的健康，已经越来越受到社会的重视。为了增强老年人的自我保健和保护意识，维护社会稳定，减轻家庭和社会的负担，发扬健康工作者救死扶伤、助人为乐的精神，我院面向社会提高服务意识和奉献精神，将老年人作为服务的重点，打造公益服务品牌。自2007年以来，有志于服务老年人的学生以党支部、团支部、社团等组织形式，先后走进社区、学校、福利中心等地积极开展活动。该项目是护理系一直在进行的关爱老年人项目，它让护生在参与志愿服务的过程中学会享受职业所带来的快乐，并由此坚定职业理想，培养职业情感，提升职业道德，增强社会责任感。

(2) 针对老年人健康需求，整合资源依托专业开展老年护理工作。该项目主要是针对杭州市各社区、福利中心老年人和高校离退休教工与后勤人员等中老年群体，由杭州师范大学护理专业的老年志愿者在专业老师的指导下，凭借自己所学的专业知识及技能，专门针对老年群体开展健康评估、健康干预、康复护理等的健康管理工作。医学院学生基数大，学科专业多，有志于参与关爱老年人的志愿者也多，除了护理专业，还有临床、健康管理等方向的同学们也乐于参与关爱老年人项目。这些医学专业学生每年暑期都会组织开展"心心点灯"关爱临终老人的社会实践活动，项目已连续开展了5年。专业基础、参与传统、人力资源等都让项目得以很好的持续。

（3）引入最新美国 Omaha 系统理念，对老年人进行健康评估。Omaha 系统是美国护士协会认可的十二种标准化护理语言之一，广泛用于多个国家和地区的社区及家庭护理机构。该系统在居家照护和公众保健等方面都有很好的应用。护理专业人员运用 Omaha 系统对老年人进行系统评估，然后根据评估情况进行健康干预，干预的结果也能依据该系统进行评价。先进的评估系统的引入，将为我们的志愿者服务带来专业上的突破。除此之外，我们依托专业优势，将继续传播健康理念，教授非医学专业的学生一定的老年护理保健技能，如血压测量、简易按摩、保健操等，使这种技能能够间接惠及他们身边的老人。

二、主要内容

（1）依托学院志愿服务类社团针对不同的老年群体定期开展健康服务。在达成合作协议的居民社区，针对老年人定期开展健康服务，如学院青年志愿者每学期走进下沙七格社区等 5 个社区，为老年人开展血压测量、穴位按摩等服务。定期走进教学合作基地，面向孤寡老人开展健康服务。如学院老年康复协会每周都会有相对固定的护老志愿者前往福利中心开展康复护理、居家照护等活动。对于校内后勤员工定期开展健康服务，如学院的学生医疗咨询队春秋都会为后勤员工进行一次健康体检、健康咨询等。

（2）借助护理专业开展以 Omaha 系统为指导的健康评估及干预服务。借助护理专业优势，在专业老师的指导下，在研究生的带领下，掌握 Omaha 系统的运用，在有合作协议的社区开展"一对一"（一组志愿者结对同一位老人）服务，对老人进行健康评估，根据评估情况进行健康干预，再定期对干预进行评价反馈。对于同一位老人要专门建立健康护理档案：健康评估情况，干预措施记录，干预结果等。服务一次，登记一次。

（3）根据年级段的更新设立"服务传帮带"机制以保证服务的持续性。针对同一位老人，配一组（4人，包括2名大三学生，2名大二学生）志愿者进行定期的健康维护。经过一年，当原大三的志愿者因实习不能持续服务时，原大二的志愿者接替原小组的主要责任人位置，继续在大三为老人服务，并带进新的大二学生成立新的小组。每一次的更新都要做好交接工作。新老志愿者的交接工作、"退休"志愿者对老人的告别或是说明工作等等都要做好。

三、实施进程

1. 规范服务技能

依托导师团队,坚持组织各类比赛,如健康宣教大赛、护理基础技能比赛等。2015 年护理基础技能比赛已经成为省级重点学科竞赛内容。2013 年 7 月,医学院完成了第一期浙江省养老护理师资培训班,老师带领学生编写《老年护理志愿者培训教材》,通过编写,进一步提高了学生开展老年志愿服务的综合素质,这本教材也成为养老志愿者培训的规范教材。为了规范基本按摩手法,医学院青年志愿者中心购买了光盘《常见老年病家庭按摩》、浙江老年电视大学课程《老年人居家护理》等,为规范化的志愿者服务提供了有力保障。通过培训资料电子化、培训资源固定化,保证培训内容的可持续性。

另外,对于参与"一对一"的"传帮带"志愿者进行小班化的 Omaha 系统应用培训。培训前对志愿者进行案例考核,评定志愿者服务水平。培训后,并在实体案例的服务活动结束后,再对志愿者进行服务水平的考核。逐步规范服务技能。

2. 评估服务效果

首先是对志愿者自身能力的评估。服务前与服务后进行一定的考核测试,通过前测和后测评估志愿者水平的提升情况。另外,将志愿者参加培训的情况、参加服务的情况、掌握技能的程度、获得技能竞赛、优秀志愿者等荣誉的情况等纳入评估体系,通过评选星级志愿者等形式更加全面地考核志愿者的服务水平。再次是对受益群体的评估。针对流动性质的老人进行满意度调查及建议调查。对于固定的服务对象进行干预结果评价及满意度调查等反馈志愿者的服务效果。

3. 拓展受益群体

全方位、多角度延伸社区志愿服务触角,并在服务方式上继续推进"传递健康服务"系列活动。通过向大学生等年轻人宣传健康技能及健康理念,把健康带给他们,并传递给他们身边的老人,使志愿服务惠及人群,呈现细胞分裂式增长。

当"一对一"的志愿服务开展顺利并得到较好反馈时,同一组志愿者可以根据时间分配,在同一小区服务多个老人。如某些组专门负责行动尚且自如的老人,定期到老人所在社区的老年活动室开展服务;某些组服务行动不便的老人,定期上门进行服务。

四、服务成效

1. 用爱与技能帮助老年人,维护老年人的身心健康

社会上关爱老人的公益组织不在少数,作为其中之一,我们的主要成员是年轻大学生,热心公益、素质良好,而且具有专业技能的医学专业学生。在维护老年人的身心健康过程中,我们具有很好的优势。近年来,在杭州市雷锋广场活动中,每每出现我们的身影,都会有数百位行人前来我们的服务点排队接受服务。

以老年健康服务为主要活动内容的老年康复协会,利用在校期间的周末,年平均组织开展老年健康志愿服务活动20次,参与活动的志愿者近200人次,服务时数达1500小时,在福利院里坚持每周一对一服务的老人7人次,为他们提供健康评估、康复护理及临终关怀。

2. 提升护生综合能力及对专业的认同

(1) 护生的职业认同感增强。据统计,护理学生报名转专业的学生数在逐年减少。经调查发现,很多学生通过这样的志愿服务改变了对护理这个职业的看法,在认同感增强的同时放弃了原本想要转专业的念头,甚至还有学生主动选择转入护理专业。2014年护理11级学生卢艺(长期从事老年护理志愿者服务)以临终关怀为主题,代表学院参加省级职业生涯规划比赛并获得一等奖。

(2) 志愿者自身的学习、科研能力提升。通过健康宣教和实施健康服务,使得学生志愿者对所学知识加强了整合和实践运用,夯实了专业知识积累。通过志愿服务,也激发了学生在科研选题上的独特视角。有志愿者结合在福利院中服务的患老年痴呆症老人的实际情况申报了挑战杯课题并得到立项。

(3) 志愿者的人际沟通能力大大增强。志愿服务的过程就是育人的过程。在与被服务人群的接触中,护生的人际交往能力往往会得到提升,文明礼貌也能够得到很好的运用。2013年5月,老年康复协会与钱江晚报合作开展"寻找

耄耋老人 定格美好一刻"公益摄影活动,为近百位长寿老人免费拍摄个人照并冲洗赠予。活动期间志愿者作为摄影师与老人的沟通桥梁,对活动的顺利开展起到了不可忽视的重要作用。本次活动取得了良好的社会反响,不仅扩大了项目的外延,也提高了社会影响力和舆论的关注度。

3. 提升了学院及学校在社会的知名度和影响力

志愿服务从最初的学院联系社区,变成社区主动联系学院,邀请我们的护生前往开展志愿活动。仅2015年上半年,已有杭州钱江陵园、浙江老顽童投资管理有限公司旗下社区健康养老服务站等5家单位的工作人员联系到我们,希望我们能够一同参与他们的集体养老公益项目,为老年人带去健康关怀。杭州电子科技大学等4家周边高校的青年志愿者协会也多次主动联系我们,希望我们能够前往他们所在的学校,教会他们简易的健康技能以便服务家里的老人。

近年来,我院志愿服务也陆续得到了校外多家媒体如新华社、浙江卫视、杭州电视台、《杭州日报》《钱江晚报》、杭州网等的关注和报道,集体或个人也获得了多项荣誉。老年护理银辉工程项目之"健康护理社区行"项目曾获2011—2012年度杭州市社区志愿服务项目计划5A级培训项目,"关爱老年人天使夕阳红"老年护理银辉工程获得杭州市"十佳百优"创新公益项目,"护老天使"田琼、倪珊珊、李叶群同学陆续获得校年度十佳志愿者称号等。

4. 获益人数快速攀升

2011年以来,我们注重对外联络和组织,精心筹划和参与了多项活动,如"孝道行千里,健康存心间"走进高校行活动、杭州市雷锋广场活动、一对一老年服务等均顺利有序开展,而近三年来学生以社团、团支部、党支部为单位累计组织开展老年健康主题服务100余次,参与志愿者近1000人次,累计总服务人次10000余人次。2014年暑期,学院还组织了30名学生赴杭州余杭区瓶窑镇开展了为期一个月的暑期社会实践活动,主要内容是为当地5.6万人的居民更新健康档案,并做好健康保健宣传教育工作,而这些人里有近一半的居民已超过60岁。

系健康重任　为生命驻足

——医学院学生医疗咨询服务队建设

一、社团简介

杭州师范大学学生医疗咨询服务队，简称"医疗队"。前身为杭州医学高等专科学校学生医疗咨询服务队，成立于1994年。历经22个春秋，医疗队逐渐成长，从成立之初的二三十人发展壮大至今已逾百人，已成为医学院最具特色的社团之一，并拥有了相当的知名度。

学生医疗咨询服务队是大学生接触社会的一个窗口，为医学生提供了锻炼自身能力、服务社会的良好机会。医疗队面向杭州师范大学全体医学生，以"全力打造杭师大医学生第一学生社团""关爱生命，关爱健康"为宗旨，在校内外开展形式多样的医疗咨询服务活动，受到各界广泛好评，为我校树立了良好的形象和口碑，屡次荣获校内外多项荣誉。但是，医疗队从未因此止步，而是不断地寻求新的发展、新的突破！

同时，我们也申请了新浪、腾讯微博、微信公众号，实时在网上更新我们的动态。

二、完善制度，增强社团活力

医疗队就像一棵小树苗一样，不断地茁壮成长。在22年的成长历程中逐步完善制度，扩大规模。至今，已成功设立7个小分队，它们分别是血型血压队、急救队、中医推拿队、口腔队、美容队、人体奥秘与保健队以及心电队。此外，为更好地开展活动，提供更加强有力的后卫力量，本社团还专门设立了5个部门，它们分别是办公室、外联部、统筹部、新闻编辑部以及宣传部。各部门之间分工明确，井然有序。在总队长及3名副队长的共同领导下并肩同行。另外，本社团就队员的活动次数、培训出勤率以及平时表现情况开展学年技能考核，并为此制定了队员星级评定制度，其目的在于更好地鼓励队员积极投身志愿服务。

三、树立品牌，开展精品活动

在这22年的发展过程中，医疗队也逐渐形成了"情系师大""天使之翼""心心点灯"三大精品活动。

"情系师大"系列活动主要在校内开展，包括"心与心的微笑"、新生体检、走进后勤、火灾演习等等。通过开展这些活动，不仅使作为医学生的我们充分体会到医学的强大魅力，也为校内其他专业的学生提供了一个了解医学、了解医学院的机会；本着感恩之心，为回报后勤工作人员一年来的辛勤工作，本社团每年开展一次"走进后勤"的活动，免费为后勤人员提供全身体格检查。应证了那句"枝杈伸得再高也少不了树根输送的水分"，为此医疗队全体队员会永远将师大情铭记于心。

"天使之翼"则包括巡回于各大高校间的大规模医疗服务活动及"走进高沙，共享健康"两个子项目。自2004年起，医疗队走出校门，走向社会，走进下沙各高校及浙大等市区高校。每次活动的开展，本社团普遍受到热烈欢迎，同时积极为我方活动的开展提供强大的后援支持。本社团通过与其他兄弟院校的合作，不仅加强了相互之间的联系，同时增进了彼此之间的友谊。更努力地伸展才能触及前所未有的阳光，我们从未停止努力，只为了看到更明媚的阳光！

"心心点灯"是医疗队以生命关怀为主题的特色暑期社会实践活动。从2010年开始，每年暑假都会组织10余名队员，先后走访杭州市笕桥医院、杭州市第二人民医院、浙江肿瘤医院、杭州市老年病医院等各大医院，看望那些长期住院的患者，陪伴癌症病人以及临终老人，了解他们的心声，传递我们的正能量，把爱心和温暖带给他们。

这些大规模的活动，使医疗队被越来越多的人熟知，医疗队也成了杭师大医学院的一面旗。开花结果是对大树成长的肯定，对所有衬托的绿叶的情谊。

在一代代人的努力下，小树苗终会成为参天大树！

四、发挥特色，提升社团内涵

本社团在积极开展活动的同时也十分注重提升各分队队员的专业技能。7支各具特色的分队为此专门聘请了相关专业的老师给予更加专业的技能培训指导。在活动之余积极组织队员进行理论知识培训，加强实践操作技能。在此基础上，从2009年开始，医疗队先后参与了"大学生面部螨虫感染调查""交通事故调查""青少年自发性气胸和体格因素研究"等科研项目，其中有2个团队获"国家级大学生创新创业训练计划项目"立项，有1个团队获得浙江省挑战杯三等奖，6个团队获浙江省新苗人才计划立项，另有6个团队获杭州师范大学"本科生创新能力提升工程"立项并发表论文6篇。目前医疗队正积极寻求更深层次的发展。

五、服务他人，提高自我能力

队员们用自己青春与热情书写了医疗队过去22年的华丽篇章，为社会带去专业医疗服务的同时也提升了自身的能力，更加坚定了学医的信念。课余之时的培训、严格的考查让我们优秀的队员们掌握了更多的技能，多次的活动则增强了队员的实践及交流沟通的能力。更多的与患者接触的机会也让我们的队员深刻感受到他们对于健康的渴望，这更加坚定了队员学医的信念。

刚毕业的前两届医疗队总队长选择继续深造，以优异的成绩先后考取了南京医科大学、上海第二军医大学这两所高等学府的研究生，同时很多往届委员或队员也分别考取了各大医学高校研究生。在现有的队伍里，也不乏成绩名列前茅、活动组织能力突出的优秀队员。他们认为，在医疗队期间所接受的培训及参加的活动为他们的学习及实践提供了极大的帮助。此外，也有在科研领域取得了令人欣喜的成绩的优秀队员，如由钟菲带领的美容队顺利完成关于面部螨虫的科研项目并成功在医学期刊中发表论文，由部分优秀队员自发参与的"青少年自发性气胸和体格因素研究"项目。近年来，越来越多的队员参加"挑战杯""新苗计划"等各项科研竞赛，并获取了多项成果与荣誉。他们用最绚烂的成果点缀了医疗队这片广阔的天空。

六、全心付出，赢得多方肯定

在搬入下沙校区以来，医疗队先后开展了上百次活动，服务人次已达60000余人，受到了白杨街道、清雅苑、物美和高沙等社区人民以及各大高校师生的热烈欢迎与一致好评。

在这不断的发展过程中，医疗队也逐渐提升了自身影响力。2005年多家电台、报社报道了医疗队在高沙社区建立"健康俱乐部"的事迹；2010年国庆黄金周期间，浙江教育科技频道就医疗队服务为高校学生社团活动典范进行了大力宣传。2013年，《下沙资讯》也就医疗队"天使之翼——走进清雅苑"的活动进行了相关采访与报道。

同时医疗队也为在杭各大高校所熟知。杭州电子科技大学、中国计量大学等校各社团先后主动与医疗队联系，要求联合开展活动。浙江大学相关社团负责人也为此前来我校与包括医疗队在内的各个社团进行活动交流。另外，本社团也荣幸受邀加入浙江青年时报社大学生健康联盟。

与此同时，医疗队获得了诸多荣誉。在过去的22年里，医疗队先后荣获杭州市优秀社团、连续9年荣获校十佳社团等奖项。

坚持以人为本　注重美育培养

——美术学院大学生美育服务"三六五"计划

一、本项目的基本概况

（一）现实背景

在大学生中实施美育素质教育是近年来我国高等教育改革中的一个重要内容，是培养学生创新精神和实践能力的重要途径，也是推进学生德、智、体、美全面协调发展的重要方式。而长期以来，我国高等教育人才培养中缺少审美教育的内容，导致学生艺术修养和审美能力普遍较为缺失，综合素质较差，适应能力偏弱，影响了学生的全面发展。

近些年来，我校十分重视学生美育工作。早在2010年11月，学校就主办《美育学刊》并创刊，这是中国唯一的美育研究专业期刊，为国内的美育以及艺术教育研究提供了学术交流平台。同时，学校积极创新大学生美育教育模式，于2011年12月启动了"动漫美育"大学生特色计划，涉及对学生创新能力、审美能力、动漫实践能力、动漫教育能力的培养。

美术学院是一个具有深厚历史文化内涵和现代办学理念的学院，按照学校"人文讲堂，艺术校园"的办学特色要求，坚持"以人为本"的教学理念，历来重视对学生美育的培养，并通过系列活动的开展扎实推进美育工作。

（二）建设目的及意义

基于当前学校和学院对美育工作的重视，我们实施"创艺术校园，促美育建设——美术学院'大学生美育素质提升计划'"。其目的在于为在校学生提供多样化的美育交流服务平台，增强师生间的互动，积极营造高雅情操的浓厚氛

围,从而更好地促进学校"艺术校园"的建设。该计划的成功实施,具有以下重要意义:

(1) 缺少美育的教育是不完整的教育。美育不仅仅陶冶情感,更重要的是培养和提高人的感性素质。美育、德育、智育、体育,犹如人之手足,缺一而残。

(2) 以美引善,以美启智,立美育人。有助于帮助学生树立正确的审美观念,培养学生感受美、认识美、鉴赏美,正确地分析、看待周围的事物,增强分辨美丑善恶的能力。

(3) 运用美育的手段达到德育的效果。有助于培养学生的想象力、创造力、认识力,提高学生的综合素质与能力,培养全面发展的一代新人。

(三) 建设现状

(1) 国内外现状。美育的概念由德国美学家席勒在18世纪末所提出,是指运用审美形象的感染作用塑造人的知、情、意等符号实践能力的教育形式,是人类文明发展的必然结果和人类自身建设的一项重要内容。我国自1999年《中共中央国务院关于深化教育改革全面推进素质教育的决定》颁布实施后,美育被正式列入国家的教育方针,并明确将素质教育界定为"德智体美等全面发展"。进入21世纪后,高校美育教育问题越来越受到广泛的重视,但由于课程设置、重视程度不高等因素的制约,高校美育教育现状不容乐观。

(2) 初步成果。当前美术学院的相关系列主题活动已经连续举办多届,并且推出了诸如漫画故事绘本《我们大学的寝室故事》、校园情景喜剧《寝室轶事》、心理短剧《大学新生成长列车》等原创作品,社会关注度高,媒体争相报道。

(3) 社会评价。以原创校园情景喜剧《寝室轶事》为代表的诸多优秀作品,经过河北教育网等多家媒体的报道宣传,得到校内外各界的一致好评。

(四) 优势与创新之处

1. 优势条件

(1) 学科专业优势:作为我校现属唯一的艺术类学院,美术学院的学生美学修养相对较高,此番推广至全校可起到较好的带头引领作用。同时,学院设有绘画、书法、艺术设计等专业,是开展各种活动并取得成功的重要保证。

（2）师资优势：美术学院有诸多专业教师可提供专门化、全方位、系统性的培训和指导。

（3）基地优势：目前在仓前校区办有"彩虹课堂"，占地80余平方米的新场地设有各类活动室和教室等，既可提供培训场地，又可便于活动的实地宣传和开展。

（4）传统优势：该计划的诸多活动已经连续举办多届，并且推出了不少优秀的原创作品，受到校内外媒体的报道和社会各界的关注。

（5）平台优势：现有网络平台较为丰富，通过"杭州师范大学团委""彩虹课堂""蕙风漫语"等微平台的大力宣传，可以进一步增强该计划系列活动的知名度和影响力。

2. 理论创新

美育又称审美教育、美感教育，是借助自然美、艺术美和社会美，培养正确的审美观、高尚的道德情操和感受美、鉴赏美、创造美的能力，提高综合素质、促进全面发展的教育。学校美育虽然不是一种知识教育，但是却是一种能力教育，它在培养学生对美的认识感受能力，表现和创造能力和培养学生正确的审美观方面有着不可替代的作用。要想把学生培养成为有外表美更有内在美的人才，必须把德育与美育结合起来。

3. 环节相扣，主题渗透

该计划的系列活动均以专业培训、活动竞赛、作品展示三个环节贯穿始终，且主题类型包括校园文化、党建活动、学风建设、安全教育、志愿服务、文明寝室等，涵盖了纪念日、节庆活动等众多领域，将各个主题内容通过活动的形式渗透到学生之中，使艺术和育人两者契合，从而促使学生人文素养全面发展，真正使学校的思政教育具有强大的生命力。

4. 学生自主教育

学生是整个项目实施的主体，在项目活动中通过摄影、漫画、海报设计等形式，以培养学生自我教育、自我管理、自我服务的能力，助推学生成长。

二、本项目建设的目标与思路

（一）建设目标

（1）数字目标：本年度在全校范围内，开展关于"印象师大"摄影竞赛、"五四青年节"海报征集、"纪念一二·九"漫画比赛等8项主题活动，预计参与学生人数届时将超过2000名，开设培训课程将达到24课时。

（2）成长目标：将系列主题活动串成时间轴，增强各项活动之间的联系程度，从而以更加系统化的形式展现在师生面前。同时，在活动内容、形式、手段和特色上不断寻求创新和突破。

（3）影响目标：通过系列活动的开展和学生对艺术的学习，培养学生感受、表现、鉴赏、创造美的能力，从而促使学生追求人生的情趣与理想境界。此外，通过加强学生的美育，促进其德育的提高，从而实现全面发展。

（4）远期目标。

①发展常态化。该计划的系列主题活动迎合毕业季、纪念日等主要议题，具有极高的现实意义和实践应用价值，且项目基础良好，未来可朝常态化发展。

②内容多样化：该计划进展可分为前期专业培训、中期参加竞赛、后期成果展示三个阶段，当前主要活动内容包括摄影、漫画、海报等。随着项目的逐渐成熟，远期可加入微电影等其他元素，以丰富活动内容的多样性。

③体系科学化：从专业培训教师的师资配备，到参加项目人员的队伍建设，之后都会趋于更加完善。与此同时，主题活动的开展由实地举办为主，网络平台为辅，过渡到实地和网络同步结合，更好地迎合当下时代的发展趋势。

（二）建设思路

"三六五"大学生美育服务计划以审美教育为切入点，根本目的在于加强和改进美育工作，促进学生综合素质的提高。该计划包括三个环节、六大主题、五种形式，即活动全程贯穿专业培训、活动竞赛、作品展示三个环节，活动内容涉及校园文化、党建活动、学风建设、文明寝室、安全教育、志愿服务六大主题，活动参与形式有摄影、漫画、海报、工艺作品、微视频五种类型。

同时，从人文素质方面着手，以第一课堂、第二课堂、潜在课堂为主体，并结合课外活动、社会实践、校园环境、网络教育等可利用资源，强化美育素质教育基本建设，为思想政治教育的深入实施提供了有效的保障。

在课程建设上，立足于美术学院的专业艺术课程，以完善课程体系和提升课程质量为重点，同时，紧抓精品课程建设，不断提升课程教学质量。

在第二课堂上，以系列学生主题竞赛活动为主体，以网络平台信息内容传播为补充。在开展日常学生活动的同时，结合微平台的信息推送，将审美教育延伸至课堂之外，从而不断完善美育素质教育活动体系，为美育素质教育拓展宽厚的活动平台。

在潜在课堂上，不断发挥环境育人、风尚育人的优良传统，一方面，利用学校优美的校园环境和良好的教育环境，不断弘扬审美教育；另一方面，积极发挥学校艺术墙、美术馆、图书馆等文化设施和校园网、校报、微平台等大众媒体营造校园文化氛围。

在网络资源建设上，充分利用校园网学报，以及"杭州师范大学团委""彩虹课堂""蕙风漫语"等网络平台和资源，发挥多部门协调的优势，全方位推进美育素质建设。

在实践教育改革上，积极加强各种实践资源的建设，建立一批审美教育基地、社会实践基地、专业实践基地，不断拓展实践教育的基地与平台，有力地提升实践动手能力。

三、本项目建设的实施方法与过程

（一）实施方法

（1）以专业培训为依托。邀请学院相关专业教师，以及有相关获奖经历的学长担任培训老师，并利用现有"彩虹课堂"的平台优势。一方面，每两周或三周安排一个固定时间，为广大同学提供日常培训；另一方面，在暑假期间或是竞赛前夕，为参赛同学进行集中培训。

（2）以活动竞赛为抓手。举办系列主题活动，包括"记忆光影·印象师大"摄影比赛、"弘扬五四精神·传递青春梦想"海报设计大赛、"喜迎G20"艺术作品大赛等。活动在仓前、下沙、古荡湾三大校区同步进行，全校学生共同参与。

（3）以作品展示为载体。将各类比赛的优秀获奖作品，通过微平台与实地展示的形式进行宣传。一方面,在仓前、下沙、古荡湾三个校区的宣传橱窗等地分别进行展示;另一方面,在校内各主要微信公众号等网络平台上推送相关信息,更好地传播美学艺术。

(二)实施过程

该计划可分校园文化、学风建设、党建活动、安全教育、志愿服务、文明寝室六大主题类型,由"记忆光影·印象师大"摄影比赛、"弘扬五四精神·传递青春梦想"海报设计大赛、"喜迎 G20"艺术作品大赛等八项活动内容所组成,且每项活动的实施可分为三个阶段,即前期专业培训阶段、中期活动竞赛阶段和后期作品展示阶段。通过系列主题活动的开展,促进学生人文素养的提升,进而加强思想政治教育的实效性,并推动学校"人文学堂,艺术校园"建设。

四、本项目建设的保障条件

(1)组织领导。该计划由美术学院团委、学工办主导,同时与相关职能部门、各兄弟学院进行合作,并且由相关专业教师负责具体指导。

(2)队伍建设。依托现有"彩虹课堂"精品项目,打造一支综合素质过硬的计划骨干队伍。同时邀请相关专业老师,组成培训教师队伍,加强对系列活动的指导。

(3)资源配备。该计划建设具备场地支持,彩虹课堂可提供培训和宣传场地;众多校内网络平台搭建信息宣传和推广的桥梁;此外,还拥有学院相关专业教师的专业指导。

(4)制度建设。贴合杭师大"文理渗透、艺体兼备,人文素养与科学精神和谐结合"的人才培养特色要求,以及建设"人文学堂,艺术校园"的办学特色要求。

品牌领航　>>>

小画笔舞动大乡村

——美术学院美丽乡村墙绘艺术实践项目

墙绘，是在建筑墙面上通过传统绘画技法绘制而成的画。利用手中画笔，在原本平淡无奇的墙体上进行设计和美化，达到建筑实用性与绘画感染力的和谐统一，用墙绘的方式传播现代文化，提升墙面价值，美化人们的工作与生活环境。

自2011年起，一项题为"小画笔舞动大乡村"的美丽乡村服务计划在美术学院的校园内孕育而生。在校团委的指导下，这场以美术墙绘为主要内容的艺术实践活动，成为我校着力培育和打造的校园文化亮点。

一、项目实施背景

（1）以专业为依托。小画笔舞动大乡村这一美丽乡村墙绘艺术实践活动，以墙绘为主要手法，充分体现了美术学院"画笔善舞"的专业特点。各专业同学都有其各自擅长的方面，同学们可以尽情发挥所长，设计出更加新颖夺目的墙绘稿，使墙绘项目更加多样。同时，通过为美丽乡村进行墙绘创作，期待探索一条艺术创作与奉献社会相结合的道路，把对美术学子的思想教育内化在艺术创作的生动实践之中。

（2）以时代为背景。浙江省2010年提出建设美丽乡村，并专门制定了《浙江省美丽乡村建设行动计划（2011—2015）》，着力建设科学规划布局美、村容整洁环境美、创业增收生活美、乡风文明身心美，宜居、宜业、宜游的"四美、三宜"美丽乡村。这为美院学子走进乡村进行墙绘创作提供了丰富的内容和题材，五年来，美院学子紧紧围绕重大时事，弘扬时代主旋律，高举旗帜跟党走，使广大团员青年在艺术实践墙绘过程中不断接受爱国主义、社会主义的洗礼。

（3）以乡村为"战场"。深入生活，深入群众，深入社会主义建设第一线，以现实主义精神反映社会生活，一直是美术学院优良的艺术传统。项目之所以选择"大乡村"作为"战场"，不仅是对我院已有艺术传统的传承，更是在新的历史时期，积极响应党中央国务院"建设社会主义新农村"的有力回应。到乡村去，艺术青年将有更大的奉献空间；到乡村去，艺术青年也必将获得更为丰富的艺术资源。

二、项目育人理念

培养学生的社会责任感，树立正确的文艺思想观，一直是美术学院长期坚持的育人理念，也是校园文化建设的核心课题。美术学院"小画笔舞动大乡村"的美丽乡村墙绘艺术实践活动，准确地把握了艺术院校校园文化建设的特质，紧密结合艺术院校的专业特点，继承学院优良传统，依托课堂教学平台，紧扣"关注生活、贴合时代、服务社会"主线，积极打造融时代性、开放性、独特性于一体的校园文化品牌，把文艺思想观教育融合于社会实践之中，为培养德艺双馨的新一代艺术人才发挥了积极的作用。

项目通过倡导"艺术植根于社会，艺术服务于社会"的理念，引导美术学子把服务新农村与社会实践项目化运作、与学生专业学习、导师专业指导相结合，使其在参与规划新农村建设、塑造乡村新风貌方面发挥积极作用，切实为新农村文化建设做贡献。

三、项目实施情况

以艺术之笔担当社会责任和表现时代精神，让学生在奉献乡村中经受锻炼和教育，是本次美丽乡村墙绘艺术实践活动的出发点和落脚点。我们结合时代特点和需要，重点开展了反映社会主旋律的多彩墙绘："绿色"主要打造环保主题为特色的墙绘，"红色"打造以国庆、党建为主题的爱国、爱党、爱社会主义的主题墙绘，"橙色"实施以健身、运动、活力为主题的健康墙绘，"蓝色"则是结合教育实习、支教活动推行以幼儿园、中小学为主阵地的墙绘。

最近五年，我院学子累计参加乡村墙绘创作活动近六十余项。服务地区包括杭州、温州、嘉兴、湖州、丽水等省内多个城市和乡镇。具体实施步骤如下：

（一）前期

（1）联系墙绘合作单位，确定服务对象；

（2）根据服务对象确定每次墙绘的时间和具体的墙绘方案。

（二）中期

（1）由彩虹志愿者协会负责招募主题墙绘志愿者，并根据服务对象确定每次墙绘的时间和具体的墙绘方案；

（2）完成主题墙绘工作。

（三）后期

（1）由对方负责人对本次墙绘服务进行验收和评价；

（2）我方负责墙绘后期的维护和修缮。

四、项目成果

五年来，在乡村街道、田间地头等诸多地方都留有美院学子墙绘实践的成果，他们用画笔绘生活、绘创意、绘梦想，用墙绘向社会传递美、传递爱、传递温暖。

同时，在校期间的墙绘实践锻炼，对学生自身而言，无疑是一笔非常宝贵的经验财富；对于整个社会而言，有一批专业性强、干劲十足的学生群体为城市面貌的整洁与亮丽添砖加瓦，亦是一种良好的社会风气。

美术学院在进行墙绘实践项目的同时，也积极做好项目的宣传总结工作，利用各个平台发布项目信息；协会之前已经积累了一些原始客户，可以进行二次开发；与媒体报社进行合作，在报纸和公众平台发布项目信息；协会项目拓展部与各乡村、各街道办事处进行洽谈，发现潜在客户。

截至2016年6月，美术学院创意墙绘实践经《浙江日报》报道：水漾苑社区"地球日"主题墙绘项目，已被校内外官方网站、官方微信微博等公众平台多次报道，同时中国青年网、新浪新闻、杭州网、浙江在线等多家校内外媒体进行过相关新闻报道。

五、对项目的思考

五年来，虽然学院组织过数六十几项乡村墙绘，但项目的具体流程还是不够规范，宣传上较为闭塞，需要有更大的宣传力度。同时，由于部分墙绘技术要求，有时候还需攀爬脚手架，存在一定的危险系数，学生志愿者的安全需要着重考虑。

随着与各个乡村街道的合作不断升级，参与人员的不断增加，项目体系与制度的不断完善，美术学院将继续通过美丽乡村墙绘艺术实践活动，构建具有美院特色的校园文化平台，努力引导广大艺术青年关注社会，关注现实，关注当代，发挥校园文化启迪思想、陶冶情操、传授知识、鼓舞人心的积极作用，以培养德艺双馨的人才为己任，谱写校园文化建设的新篇章。

用艺术点亮星星的孩子

——文化创意学院自闭症儿童帮扶行动项目

一、项目概况

（1）现实意义。自闭症儿童帮扶项目是为了能让更多的人对自闭症群体有更多、更深入的了解，使越来越多的人加入到关爱自闭儿童的队伍中来；同时也为自闭症儿童康复中心提供志愿陪护服务，减轻教师和家长的压力，提高当代大学生学以致用的能力和公益心、责任感。项目通过美术、动漫等艺术元素的运用，以体验类课程、互动游戏、微电影、教材教具开发等形式，以艺术治疗的视角，对自闭症儿童进行一定的潜能开发。

（2）建设现状。自2012年以来，文化创意学院先后与杭州康乃馨儿童康复中心、杭州"星之翼"自闭症家庭互助会合作，重点为星星的孩子开展美术、动漫类课程，开发他们的潜能。学院定期组织志愿者赴康乃馨儿童康复中心开展志愿服务活动，依托动漫专业特色，在宣传、义卖、课程等活动中开展了有创意、有特色的活动，取得了良好效果，得到了媒体的广泛宣传和社会的一致认可。一是广泛调动了师生力量，发挥了专业优势。学院师生积极参与组织的募捐、宣传、义卖、课程等各项活动，积极发挥动画、漫画、产品设计、数字媒体、动漫教育等各专业特长，形成了一系列成果。二是获得了社会和媒体的广泛关注和认可。项目自2012年开展以来，得到了《浙江日报》《钱江晚报》《杭州日报》、浙江电视台等媒体的广泛报道和关注，提高了项目的知名度和影响力。广大市民和自闭症儿童家长对项目表达了积极支持和认可。

（3）优势条件。一是学科专业优势。文化创意学院现有动画、漫画、产品设计、数字媒体、动漫教育等专业，并即将开设文化产业管理、网络与新媒体等新专业。学院各专业与项目具有很强的相关度和结合性，专业形式较为容易被帮扶对象理解与接受。二是人才队伍优势。项目有稳定的团队成员，所有成员均具有较高的专业素质和能力水平，项目有学院专职团委老师和专业老师做指导，为项目的实施开展提供了保障。

二、建设目标与思路

（1）借助媒体，通过主题漫画、公益动画短片等进行线上和线下的广泛宣传，使更多的人了解、关注自闭症这一特殊群体。

（2）开设"星之翼"工作坊，设立美术、动漫类课程，针对自闭症儿童进行一对一的个性化教学，开发自闭症儿童潜能，进行艺术治疗方面的探索。

（3）开展校企合作，进行社会企业探索。比如利用微信"微店"的低成本、便捷等优势作为网络平台，把项目和制作的手工艺品、玩具进行网络宣传和义卖，筹集项目资金。利用学院专业优势，通过校企合作，为自闭症儿童教具、玩具的研发提供技术支持。

三、实施方法及过程

（1）宣传行动。利用微信、微博等网络媒体，进行自闭症主题漫画、公益动画的网络宣传，并借助高校创意联盟（联盟已于2014年3月在我院设立记者站）开展广泛宣传，使社会各界广泛、深入了解自闭症群体；举办自闭症公益海报、主题漫画创作征集大赛和平时活动进行实时宣传；利用学院与《杭州日报》《钱江晚报》合作的优势扩大我们的宣传力度和公信度。

（2）调研行动。通过和杭州"星之翼"自闭症家长组织、"康乃馨"康复中心加深交流，以调查问卷、访谈等形式对自闭症儿童及家庭生存现状开展调研，并对自闭症儿童的教学特点和现状进行调查，为志愿者辅助教学和开发手工艺品、教具、玩具的研发收集资料，从而改善志愿者陪护的方式和手工艺品、教具、玩具的研发。

（3）校企合作。与杭州恒生科技园开展校企合作，将团队课题《结合玩具应用的孤独症儿童游戏方案》进行孵化。（该课题已获得浙江省新苗人才计划立项）

四、项目建设保障条件

项目由杭州师范大学文化创意学院团委负责组织领导。项目成员由学院本科在校生组成,包括 1 名团队负责人(即主教老师),5 名助教老师及若干志愿者,其中团队负责人和助教老师均有两年以上的志愿工作经验。另外,每学期都会面向全校招收并培训优秀志愿者参与到队伍当中,协助开展各类活动。

项目经费主要来源于通过申请希望工程激励行动项目、杭州市优秀特色志愿服务队等项目支持,以及学院团学活动经费、募捐义卖筹款等。

通过这些资源,加上团队成员和家长们的共同努力,项目逐渐完善,除原有活动外,加入了诵读、游戏等环节,这又从另一方面提供了让孩子们表现自己的机会,锻炼了表达能力。此外,我们会经常组织一些课外活动,比如去杭州少年儿童图书馆等场所进行美术教学,定期举办一些集体出游活动。

绿色长征 星火燎原

——生命与环境科学学院绿色环保教育实践项目

一、活动背景

工业文明发展引发的生态危机及其惨痛教训，促使人类重新审视起自然与人类的关系。我国在发展经济建设的同时，一直非常重视加大对环境保护的力度。党的十七大报告中提出"要建设生态文明"，这是我们党首次把"生态文明"这一理念写进党的行动纲领，必将在建设中国特色社会主义过程中产生重大影响。建设生态文明已成为中国实现全面小康社会的新要求之一。维护生态文明是赋予当代青年的神圣使命。青少年是美好环境的创造者、维护者，青少年是保护生态环境的承担者。作为肩负培养当代青年成长、成才任务的高等学府，也需要在生态文明建设工作中积极探索、不断创新。

杭州师范大学生命与环境科学学院一直将"珍惜植物，爱护动物，保护环境，促进人类与自然和谐共存"这一理念作为开展生态文明教育的指导思想之一。在长期的活动中不断总结提升，在提升中不断创新，在坚持与创新中形成了具有我院特色的校园文化品牌——"绿色长征，星火燎原"环保活动。

将此项环保活动命名为"绿色长征"的原因是，在新时期生态文明建设、推进环保事业、促进社会和谐的道路上，需要更多具有"红色思想"的青年学子踏上"绿色长征"的征程，向社会公众宣誓当代大学生保护生态环境、建设生态文明、共建和谐社会的决心，积极开展行动，影响和带动沿途乃至全国的社会公众特别是青少年，提升社会公众的生态素养，使全社会共同参与到资源节约型和环境友好型社会的建设中来。

二、"绿色长征"的缘起

我校生科院建立近40年来,"绿色长征"也从无到有。伴随着时代的变迁,伴随着学院的发展,沿袭前人的环保活动的足迹,通过环境科学专业的建立,借助环保社团的成立等事件,队伍逐渐发展壮大,活动影响逐渐扩大,相关理念也逐步深入人心。

(1) 从1978年生物系建系以来,我院从专业的设置上看只有生物科学(师范)的单一专业,每届的学生人数也不超过40人。在对以往活动资料的查阅和对前辈们的采访过程中,我们发现,当时的校园文化活动中就已经有与保护植物、保护动物、保护环境等相关的活动。如保护濒危植物、建立植物标本馆、建立动物标本馆、植树节种树、保护西湖水质、成立B.D服务社等环保事件或活动。

(2) 2001年环境科学专业建立,我院从生物系发展成为生命与环境科学学院,众多的专业老师一直致力于生态保护的研究和对环境保护的宣传工作。该专业学生主要学习环境科学方面的基本理论、基础知识,接受应用基础研究、应用研究和环境管理的基本训练,具有较好的科学素养及一定的教学、研究、开发和管理能力,掌握环境监测与环境质量评价的方法以及进行环境规划与管理的基本技能。他们所学习的理论知识,尤其有关环境监测、环境工程学、环境质量及评价、水污染控制工程、大气污染控制工程以及污染生态学等知识体系,为"绿色长征"环保项目提供了有力的技术支撑。依托这些资源,我们在校园文化活动中也继续大力开展与环保有关的活动,如今已连续举办了15年的生物科技节和以保护环境为主题的暑期社会实践等。

(3) 2004年"绿之翼"专业环保社团成立。该社团是依托于环境科学专业建立起来的学术科技型社团,在发展过程中,始终坚持以"发挥学院专业特色和社员兴趣爱好"为出发点,以"学习环保知识、宣传环保精神、培养环保意识、参与环保行动"为宗旨,开展诸多时代特点鲜明、影响范围广的环保活动。"绿之翼"环保协会自成立12年期间,持续开展了全国水果贺卡活动、水质监测调研、居室甲醛检测、环境教育小课堂、绿植领养、熄灯一小时等活动,组织、参与了在杭高校环保社团交流、全国环保社团交流、"根与芽"国际环保组织等活动。

（4）自2008年至今，我院团委在校团委的指导下，紧密结合浙江省"五水共治"工程的大背景和杭州市"共建共享生活品质之城"的建设目标，开展了一系列参与面广、影响力大的环保活动，逐渐形成了以"绿之翼"环保协会为骨干力量，学生会及各类学生组织为支撑动力，暑期社会实践及环保科研、环境教育、环保公益为主要活动载体的完善的环境保护宣传调研体系。八年光阴，我们"绿色长征"的足迹遍布了全省的各大校园、社区、企业、农村，"绿色长征"的理念也逐渐传播到社会的各个层面。

三、"绿色长征"的足迹

1. 走进校园

将"绿色长征"足迹遍布各个校园，将"绿色长征"的理念传播给广大大中小学生。校园的学生群体代表着中国新生代的力量，是生态文明建设与环保理念推广的重要对象，是环保事业的继承者与接班人。

我们充分利用校园这一活动平台，在校内开展了"绿色RECYCLE寝室"建设活动、垃圾分类活动、环保袋制作大赛、环保服装设计大赛、生态环保行、水果贺卡、光盘行动、地球一小时等各项活动，在全校范围内造成了极大的轰动，引起了广泛的社会效应，激发了同学们的环保意识，提高了大家的社会责任感，促使环保理念深入人心。我院还注重科研实验和环保活动的有机结合，在科研实验中播撒环保理念，在环保活动中提升科研素养。长期组织开展相应的空气质量监测、室内外甲醛含量监测、水质监测等活动，连续多年成功申报学校开放性实验项目，推进大学生"挑战杯"科技竞赛等学生科研工作。学术科技同行，低碳环保共进。在科技与学术研究的不断碰撞中掌握更前沿的环保知识，用专业的知识为环保做一份切实的贡献。

杭州师范大学作为一所以师范类专业为主的综合性大学，丰富的专业结构是我校的一大特色，也是学生开展活动取之不竭的资源。我院的环境教育活动已持续开展十余年之久，先后与杭州市文海实验小学、夏衍小学、学林小学、学正小学、濮家小学、拱宸中学等中小学校签订长期的教育合同。积极组建环境教育小教师队伍，每月至少开展一次的环教课程，对广大中小学生开展环境宣传与环保教育活动，帮助部分学校建立环保社团，从小树立学生的环保意识，为环保活动的传承打下基础。还曾参与由中华环境保护基金会联合百胜餐饮集团必胜客品牌发起的"必胜客绿色小超人"大学生公益环保事件项目，并荣获"优秀社团"称号。定期举办环教说课大赛，旨在锻炼和获得更多的环教人才。教育应从娃娃抓起，环境教育是利国利民的大业，也是我院充分利用学校教育资源为社会所用的一项意义深刻的活动。

2. 走进社区

提高社区民众的生活品质，提升民众的环保意识。杭州市政府提出建设品质生活之城的理念，而社区是城市的基本单位。提升社区民众的生活品质和环保意识，具有重要的现实意义。

我们组织学生走进朝晖社区、湖墅社区、翠苑社区、下沙清雅苑、云水苑、多蓝水岸等社区，开展了"共建共享生活品质社区"室内空气质量检测、阳台水质调研、社区环保意识宣传、社区垃圾分类知识宣传、节水知识宣传、室内环境健康宣传、"无车日"宣传、限塑令、环境教育等活动，让环保意识深入民心，深受社区民众好评，并曾接受杭州市电视台、《浙江工人日报》《钱江晚报》以及各类网站等媒体的报道。

3. 走进企业

开展企业环保调研，呼吁企业开展清洁生产。中国企业的快速发展对国家的经济建设起到了极大的促进作用，但同时也给环境造成了极大的破坏。我们鼓励学生结合专业，结合"挑战杯"等科研竞赛，走进企业。

2014年，我院与杭州市江干区青少年宫合作，对钱塘江北支源头安徽休宁县六股尖及南支源头浙江省开化县进行水生态环境调查与评价、水质监测。并与杭州优科豪马公司合作，对下沙东南部钱塘江畔保利东湾湿地进行湿地水生态环境保护、水质监测、环境污染物清理及岸边植被群落多样性的调查。该项目一直受到钱江晚报、浙江在线的关注，并对其进行过相应的报道。同时，该项目也获得了由浙江省青少年发展基金会主办的希望工程激励行动的资助，被评为绿色浙江未来使者十杰团队。

4. 走进农村

关注农村的经济发展与生态保护，服务新农村的建设。多年来，我们一直利用暑期社会实践和日常青年志愿者活动等机会，鼓励学生走进农村，开展政府环保政策与环境建设情况调研、农村水质、空气监测、生态系统平衡情况调查、农村垃圾处理调查、农村环保宣传等活动。

通过自己的行动来呼吁更多人关心和爱护环境，从源头来保护环境，提高村民的环保责任意识，培养村民的环保习惯，从而帮助政府实现"清洁农村，清洁河道"的目标，让农村的生态文明得到有效的保护。几年来，我们分别开展了赴西湖水质与水生浮游动物调查、赴富阳农业科普及害虫防治、赴杭州、宁波等地调查城市化过程植被维持机制、赴四明山支援新农村建设环境调研、赴太湖进行蓝藻情况、水质状况的调查分析与环保宣传、赴千岛湖源头环保宣传及调研以及参与淳安县"保护千岛湖源头"等活动，收到了广泛的好评。

四、收获

我院的"绿色长征，星火燎原"环保系列活动通过8年的努力，取得了累累硕果。曾获全国青少年绿色长征接力活动优秀组织奖2次，选出优秀环保志愿者1人，优秀指导教师1人，优秀调研报告2篇；获2015"清洁节水青春行"全国高校节水主题创意方案大赛宣传方案三等奖；浙江省暑期社会实践先进团队2次、先进个人2人，优秀指导老师1人；杭州市大中学生暑期社会实践组织工作奖1次，优秀指导老师1人；浙江省大学生农村环保科普行优秀组织奖1次，优秀团队、优秀指导老师、先进个人、优秀小分队、优秀调研报告多次；"绿之翼"环保协会获浙江省高等学校优秀学生社团1次，杭州市优秀环保社团1次；浙江省优秀社团指导老师1人。开展的环保宣传、环境教育、环境科研、环境调研等一系列的相关活动，参与学生人数近4000人次，直接影响人数20余万人次，并得到了学校相关职能部门以及环境保护部、中华环境保护基金会、香港环境保护协会、共青团浙江省委、浙江省环保厅、浙江省水利厅、浙江省环境科学学会、绿色浙江、杭州市环保局、市生态文化协会等部门、机构和组织的大力支持。

我院一直秉承"笃学、尚行、和谐、卓越"的院训，结合科研导师制和实验室开放制度，获"挑战杯"大学生课外学术科技作品竞赛国家级一等奖2项，三等奖2项，省级特等奖2项、一等奖3项、二等奖4项、三等奖5项；"挑战杯"大学生创业计划竞赛国家级金奖1项,省级特等奖1项。学生在各级各类报纸杂志上发表论文50余篇。其中,在第八届"挑战杯"中国大学生创业计划决赛中荣获最高奖金奖的创业项目"杭州水精灵环保科技有限公司",就是致力于为重金属废水处理和富营养化雾水治理提供综合解决方案和工程服务所做的成果,目前已为西溪湿地进行工程试用并获客户认同。

在这些成果的背后,参与"绿色长征"活动的学生们更明确了服务意识和社会责任感,在向社会提供服务的同时,将自己所学的理论知识得以运用于实际,提高了自身的工作能力,培养了吃苦耐劳的精神;做时代的先锋,引领社会创新风气的发展动向,用绿色理念来丰富头脑,以绿色科技来创新思想。

五、特色与展望

"绿色长征,星火燎原",依托生命与环境科学学院各学科的共同努力帮助,利用各种专业资源,引导大学生长期关注与宣传环境保护活动,将"绿色长征"的环保理念贯穿与各种校园文化活动当中,在长期的活动中形成了我院独有的校园文化品牌活动。

"绿色长征,星火燎原"环保系列活动的鲜明特色即一个目标、两种意识、三项能力、四个阵地。一个目标,即开展绿色长征活动,传播绿色理念,重塑环保价值观,将保护环境、促进生态和谐发展变成大学生的时代责任与自觉行为,并尽力推广;两种意识,即保护环境的意识与社会责任意识;三项能力,培养大学生的组织能力、环保科研能力、合作与沟通能力;四个阵地,分别搭建了校园、社区、企业、农村四个环保实践阵地。

在今后的"绿色长征"活动征程中,我们势必能组建一支环保信念坚定、志愿精神高昂的绿色队伍,广泛宣传环保理念,积极开展生态活动,用实践来讲述生态和谐的含义,让绿色生态和谐理念深入人心;以"星火燎原"之势,在全省范围内形成保护生态、保护环境的"熊熊烈火"。促进生态文明建设,提升社会文明程度,推动社会和谐发展。

小V站·译起来

——外国语学院大学生涉外志愿服务项目

一、项目背景

杭州以其独特的休闲氛围、文化内涵、精致山水而被誉为"东方休闲之都，品质生活之城"。近年来，随着杭州旅游战略的推进、G20杭州峰会等大型赛会的举办和城市建设的提升，来杭外国游客和外籍居民在杭人数逐年增加，涉外志愿服务工作无疑成了打造杭州城市形象的又一张"金名片"。作为杭城志愿者主力军，高校学生志愿者中还未出现专业化培养、精细化管理和常态化建设的涉外志愿者服务队。因此，提升大学生涉外志愿者素质，打造专业涉外志愿者队伍显得尤为迫切。

二、项目目标

围绕"伙伴式"工作理念，全面推进我校大学生涉外志愿者工作全面、协调、可持续发展，体制机制更加完善，功能作用更加凸显，文化内涵更加丰满，组织建设更加扎实，努力构建具有时代特征、体现我校特点的大学生涉外志愿服务工作体系。到2016年底，成立10个涉外志愿者服务站"小V站"，建立一个导师库，成立四支校涉外志愿服务团队，全校涉外志愿者人数达到500人，服务外国友人1000人次。

三、项目举措

(一) 创新机制,实施规范化发展战略

(1) 采取梯队化招募机制。即招募固定志愿者和会员志愿者。前者由专业素质过硬、服务经验充足、基地评价优秀的涉外服务志愿者组成中心队伍,后者由热爱志愿服务、责任意识较强的志愿者组成灵活队伍。从而,在稳定一部分志愿者的同时培养发展一部分,保持中心志愿者队伍的蓬勃活力和战斗力。

(2) 依托专业优势完善培训机制。通过全方位的培训强化涉外志愿者服务意识、提升志愿者服务技能。一是注重外语水平培训,依托英语、日语、韩语专业的学科和师资优势,启动"口语角",聘请外教主持"脱口秀",为志愿者提供提升口语水平的平台;二是聘请留学生志愿者、专业教师等开展杭州旅游、旅游国际化、涉外礼仪等知识的培训。

(3) 健全形成性评价机制。一是制作《涉外志愿者成长档案》,跟踪记录志愿者的培训、参与服务活动等信息,半年小结,年底总结,结果向本人反馈,并提出改进意见;二是对于表现优异的志愿者授予专项活动优秀青年志愿者荣誉称号,给予适当的物质和精神奖励。

(二) 创新内容,实施项目化发展战略

(1) 开展"展会涉外志愿者"服务。展会志愿者多在国际性和全国性重大会议、活动和大型比赛中提供会务接待、翻译、场馆布置等志愿服务。结合杭州特色,组织涉外志愿者参与西博会、休博会、动漫节等大型展会的志愿服务工作,让志愿者在国际性的活动平台上得以锻炼,并提高杭州形象。

(2) 开展"旅游涉外志愿者"服务。在杭州打造"东方休闲之都"及我校打造"杭州的斯坦福"的大背景下,招募一批有外语特长(语种不限)、能用外语与外国友人流畅对话,并对杭州历史、文化及景点知识有一定了解或感兴趣的志愿者。"旅游涉外志愿者"主要在杭城"微笑亭""hi-center"对外文化交流中心开展服务工作。

(3) 开展"社区涉外志愿者"服务。"社区涉外志愿者"以社区外籍居民为主要服务对象,帮助在杭外籍居民,为他们提供各种生活便利服务。同时,通过开展形式多样的活动,普及对外汉语,促进中外居民社区的融合,让更多的外籍居民参与本地的社会服务。目前，我院已于杭州市华星社区、白荡海社区、太炎社区等建立合作关系。

（4）开展"博物馆涉外志愿者"服务。博物馆涉外志愿服务包括两个方面：日常工作包括各馆"博物馆之旅"寻宝活动、工美馆工艺坊、刀馆剪纸、伞馆简笔漫画等；涉外讲解志愿，主要是利用语言优势在馆内向外宾讲解博物馆源远流长的历史和中国博大精深的文化，帮助游客更快更深地理解博物馆深厚的文化底蕴和精髓。

（三）创新组织格局，实施持续化发展战略

（1）通过校地合作，实现基地共建。与杭州市对外宣传办公室、华星社区、白荡海社区和三大博物馆等单位签订共建协议，成立我校涉外志愿服务的实践基地；与杭州市外事办、杭州市旅委、国际服务交流中心等政府部门建立长期密切的合作关系，为我校涉外志愿服务的顺利开展提供外围保障；与杭州市干部学校、浙江传媒学院等单位达成共识，进行长期的涉外志愿服务文明礼仪培训指导。

（2）探索社团化运作模式。志愿者队伍专业化的构建非一日之功，而推动涉外志愿者社团化建设是一种较为可行的资源整合方式。应积极培育相关专业社团，如"外语村"、英语协会、日语协会、青年志愿者协会等，通过这些社团的建立实现人力资源储备；此外通过社团化的运作模式帮助涉外志愿者服务团队提高"自转"能力，有效地整合资源，为志愿服务事业发展赢得更多空间。

（3）构建宽领域组织体系。从创新涉外志愿者组织的隶属关系入手，将隶属关系分为组织关系和活动关系两种，组织关系实行统一管理，即一名志愿者只能归属一个服务队；活动关系实行多重覆盖，志愿者根据自己的意愿和特长可跨队参加服务，实现组织体系的网络化。

（四）打造"小V站"涉外志愿服务优质品牌

（1）打造"V"志愿服务文化。坚持"V理念先行"，注重涉外志愿服务文化积淀和提升，进一步丰富文化内涵，创新文化载体，提升理论水平，加大媒体宣传，不断融入杭州新人文精神。抓住"G20""世界游泳锦标赛""全球女性创业者大会"等契机，掀起参与涉外志愿服务高潮，大力宣传志愿服务理念，在全校营造"我奉献、我快乐"的志愿服务氛围。

（2）构建立体式宣传网络。在做精校志愿服务网、校涉外志愿者论坛、《校涉外志愿者杂志》《校涉外志愿者年度画册》等文化载体的基础上，加强与新闻媒体合作，依托现代传媒技术，形成包含电视、电台、报纸、网络、手机、户外等在内的立体式宣传模式。

（3）加强涉外志愿服务理论研究。充分借助高校资源，组建理论研究队伍，定期举办学术论坛，加强对我校涉外志愿服务事业发展特点及规律的总结、分析、归纳和提升，深入挖掘涉外志愿服务内涵，打造以"杭师大"为样本的涉外志愿服务理论研究体系。

四、项目已得成效

（1）参与面广，灵活性高。根据近5年来我院学生涉外志愿服务人数统计，学生参与面广，总计达700人次；学生代表性强，涉及全院所有年级、专业的学生，并有部分其他学院有专业特长的学生参与其中。学生参与涉外志愿服务项目50项次，占校外项目总数的近1/3。

（2）影响力大，持续性强。我院涉外志愿服务工作不仅受到了校内广大师生的欢迎和积极响应，也受到了社会各界的广泛关注。《杭州日报》《钱江晚报》《青年时报》、浙江经视、浙江电台新闻台、中国青年网等媒体都对我院学生涉外志愿服务活动予以宣传报道。

（3）助推学生成长，提升就业竞争力。在涉外志愿服务过程中，志愿者的专业技能、社会适应能力得到提升，人生观、价值观、就业观等也受到积极影响。我院英语088班团支部作为我院涉外志愿服务的试点团支部，以其独特的支部活动和组织凝聚力，被誉为"西子湖畔的英语使者"，被共青团中央授予2011年度"全国五四红旗团支部"。

学思结合　行知合一

——教育学院EAP公交司机心理援助项目

自2008年起，杭州师范大学教育科学学院团委与杭州市公交三公司、公交二公司、蒋村公交站等单位合作，顺利开拓以应用心理学为基础的EAP公交司机心理援助志愿服务项目，目前已经为800多名公交司机提供了帮助。

EAP最初起源于美国，英文原文表达是Employee assist program，中文意思就是员工帮助计划，简单地说，EAP就是由专业人员与企业合作，为企业内部员工设置的一套系统的、长期的福利与支持项目。

我们之所以开展这样的项目，是因为我们注意到公共交通是整个城市不可或缺的重要组成部分，而公交司机群体的健康则是保障公交运行的基础。公交司机劳动强度大，加上不时要面对各种突发事件，普遍承受着较大的心理压力，严重的话会威胁到行车安全。因此我们积极与公交运营单位沟通，获得了公交三公司、公交二公司、蒋村公交站等领导层的高度重视，赢得了公交司机的欢迎，得到了他们的全力支持。通过这个项目，我们成功打造了全国第一支关注公交车司机心理状况的专业化志愿者队伍。

为使EAP项目开展切实达到"用己所学、服务社会"的终极目标，我们在此项志愿者活动开展中贯彻执行了"六化三接轨"的基本原则。采取实践—理论—实践的运行模式，切实开展志愿者服务活动，不断提高志愿者的综合素质，努力使公交司机缓解心理压力，为保证行车安全贡献一份力量。

一、主要思路与做法

（1）坚持学校与社会接轨，项目注重社会化、活动注重时代化。学校是理论研究的重要主体，研究必须与时俱进，紧扣社会现状。学校有回报社会的渴望，社会希望学校的回馈。但在校大学生与社会并不那么同步。为了避免研究项目与社会现状脱节，我们在活动开展的初期做了大量的社会调查，并且与公司领导进行了多次磋商，获得公司领导的高度重视。这样，我们获得了良好的与社会沟通的平台。

（2）坚持志愿者与基地接轨，队伍建设专业化、成果基地共享化。我们在推进EAP项目的进程中，注重队伍的专业化建设。目前团队主体构成为应用心理学大二学生和部分研究生，并聘请了心理学博士傅亚强老师、张晓贤老师担任指导。同时，我们结合高校与基地的两方优势，探求切实、可行、长效的共建项目，使得学院教学和服务基地得到"双赢"的结果。

（3）坚持实践与研究接轨，实践成果理论化，理论成果实践化。我们以公交三公司为EAP服务示范点，建立服务业EAP模型，之后已经扩展到公交二公司及蒋村公交站，为我院学子得到的是宝贵的实战经验，这些宝贵经验更好地提升了志愿者们的专业水平。有了实践的指导，我们才可以有更准确的研究方向，也更有动力将获得飞跃的理论知识再次投入到实践当中，结合各方面的优势资源，逐渐完善EAP应用模式，继而给社会带来更好的收益。

二、具体实施过程及方法

在"六化三接轨"原则的引领下，我们将整个项目开展分为三个阶段，采取"实践—理论—实践"的运行模式，确保EAP项目向"用己所学、服务社会"的终极目标迈进。

第一阶段：试飞阶段，即跟车调研阶段。公交司机每天连续驾驶，司机的劳动强度大，加上不时要面对乘客的咨询、投诉甚至责骂，公交司机常有较大的心理压力，在工作中有开快车、态度恶劣的行为，甚至有与其他司机和乘客发生肢体冲突的现象。这些无疑都会降低公交车的服务质量，甚至威胁到行车安全。我们通过跟车观察，对公交车司机的生活环境、工作环境、人际交往圈等最真实的情况进行最真实的观察，掌握公交车司机在工作环境中的行为言行、人际关系和情绪状态等，综合观察中公交车司机存在的普遍问题，为团体心理辅导作准备。

第二阶段：提升阶段，即活动研究阶段。在经过第一阶段的跟车调研活动后，对公交车司机有了一定的了解，在此基础上，由志愿者组织科研小组，以公交车司机为研究对象，进行心理学方面相关的课题研究。我们聘请心理学专业唐世明教授负责志愿者项目的研究指导，应用心理学专业的研究生和本科生为志愿者的主体，具体参与此项志愿者项目的开展，充分依托我校强大的中、英文信息数据库，保证了本项目能得到关于EAP的最新研究资料。根据为期三个月调研所获得的第一手资料，对杭城公交车司机存在的心理问题及原因进行分析，并提出改善司机心理的相关对策。

第三阶段：反哺阶段，即心理干预阶段。在课题研究的基础上，我们制定了有针对性的活动方案。先后安排与研究课题相关的团体心理辅导、关于心理健康的心理讲座，并建立了心理工作室，为司机进行一对一的心理咨询服务，以帮助司机保持最佳工作状态，减少不安的情绪，减少与乘客的纠纷，减少事故，有利于社会的和谐。

我们计划在将近三个月的心理干预后，对司机进行一个测量，测量心理干预的效果，并最终以论文的形式呈现。目前，我们已经顺利完成了前两个阶段工作，全面转入第三阶段工作。

三、项目已取得的相关成效

随着项目的一步步开展，我们的活动获得了合作单位和公交司机的认可，同时也得到了《人民网》《浙江在线》《新浪网》《搜狐网》《钱江晚报》等数十家媒体的关注，引起较大社会反响。经过EAP项目第一阶段和第二阶段的实施，我们已经收获了一些成效。

（1）切实缓解了公交司机的心理压力。在活动当中，志愿者充分地了解了公交司机心理压力形成的原因，并对其进行分析、提出对策。针对公交司机比较普遍的心理问题进行了团体辅导，教授司机们一些缓解压力的切实可行的方法，使司机在工作的过程中能更好地自我调节，保证工作当中心态的平和。

（2）切实提升志愿者个人综合素质。在项目的实施过程当中，志愿者获得了更多的与社会、与他人接触的机会，使他们学会了用心倾听、学会了有效沟通，在专业水平上获得了很大的提升，同时个人的活动能力和协调能力上也得到了提升，更好地为服务对象提供高质量的服务。

（3）切实提升志愿者社会责任感。在帮助公交司机的同时，学生意识到了一些社会问题，认识到了小我和大我的关系，在人生观和价值观上进行了反思，更加关心社会的发展，并把它与自身的发展紧密地联系在一起，成为一种信念和情感，升华为主人翁责任感，使学生有意识地将自己培养成为有知识、有文化的新鲜血液。

开展EAP志愿活动服务项目，不仅使服务对象有了确实的收益，也使志愿者们获得了很大的提升空间。我们相信，通过公交三公司这个研究平台，EAP项目一定可以扩展延伸。我们将沿着外延扩展、体系延伸、基地共建的方向行走在"学思结合、行知合一"的路上，并将EAP项目从企业推广到更广阔的天地，建构出适合中国国情，适合杭州市情的EAP模型，帮助杭州各类员工解决由于职业压力等带来的一系列心理和行为问题，增加员工的主观幸福感，使员工真正成为"幸福、健康、高效"的"第一资源"，为杭州走向世界提前做好人力资源准备。

知恩反哺　公益青春

——理学院团员青年"16 小时服务社会"实践育人项目

共青团是组织青年、引导青年、服务青年、维护青年合法权益的组织。理学院团委积极发挥团组织的组织优势、基础优势，联合学院学工办在保证"授人以鱼"的"经济帮扶"基础上，加强"授人以渔"的"思想帮扶"和"能力帮扶"，努力为家庭经济困难的团员青年提供帮助，"知恩反哺·公益青春——团员青年16小时服务社会"实践育人项目应运而生。

一、项目实施背景

（1）团员青年感恩意识培养任重道远。古人常言："饮水思源""滴水之恩，涌泉相报"。中华民族五千多年的历史中孕育了许多优秀的传统美德，其中就包括了崇尚感恩。当下正处社会转型时期，不乏物欲横流之负面现象，部分团员青年出现情感冷漠、"忘恩"等不良现象。尽管目前学校针对家庭经济困难团员的资助体系越来越完善，资助金额也不低，但单纯的物质资助，容易让部分团员对于学校和社会的补助出现不拿白不拿，拿了还嫌少的现象，对团员青年健全人格的培养带来了很大冲击。高校作为育人之地，应该对广大团员青年，特别是接受学校或社会资助团员青年的感恩意识培养予以重视。

（2）团员青年实践能力提升势在必行。社会实践是团员青年接受高等教育的重要环节，也是高校人才培养的重要途径。我校提倡团员青年"大学四年至少做一次志愿者"，学院团委积极搭建服务平台，提供服务岗位，希望引导家庭经济困难的团员青年将感恩之心落在实际行动上，以志愿服务的形式在实践中开展多方位反哺校园、回报社会的活动，经受锻炼，增长才干，提升自己的综合实践能力。

二、项目基本情况

"知恩反哺·公益青春——团员青年16小时服务社会"实践育人项目要求参与的每位家庭经济困难团员每个学期至少完成16个小时的义务服务社会活动。他们可以通过多种途径来完成，在服务过程中达成回报学校及社会对自己的帮助，在服务中提高自身的社会交往能力的目的。

该项目自2007年实施至今近8年，经过不断探索与改进，已经成为我院团工作的一个特色项目，也逐步开创了对家庭经济困难团员青年施行助学与帮困并举、励志与育人并重的新模式。该项目近三年参与的总人数达500余人，占贫困生总数50%以上，服务时数累计达10312小时，人均服务时数为20.6小时，其中个人最长服务总时数达到了79小时。

三、项目实施情况

（1）运转机制规范。项目由家庭经济困难的团员自愿申报参加。每学年申报一次，由学院青年志愿者协会及勤工助学中心联合进行项目管理。每次活动开展之前，院团委都会举办项目动员大会，会上由指导老师进行发言，优秀志愿者分享经验，各项目负责人为新加入的志愿者答疑解惑。每学年第一学期末，进行一次中期总结，每学年第二学期末，则会对该项目全年的运行情况进行总结，并对服务表现突出的团员予以表彰，鼓励他们励志自强。

（2）实践内容多样。项目下分6个子项目，包括"温暖相伴·手牵手"义务家教、"换位思考·多收获"体验生活指导老师、"举手之劳·校园美"教室保洁、"整齐排车·守秩序"车库管理4个传统项目，以及"聆听·爱"杭州聋人学校志愿服务和下沙东方医院"仁和之家"志愿服务2个新增项目。义务家教项目主要是对学校后勤员工子女进行课业辅导；体验生活指导老师项目包括巡楼监督、分发信件、检查寝室卫生、打扫楼层卫生等；教室保洁项目主要包括整理教室桌椅、清扫教室地面以及擦黑板，还教室干净明亮；车库管理项目是对生活区车库内乱停放的自行车进行整齐排列，减轻了楼管和保卫处工作人员的工作量；"聆听·爱"项目是为杭州聋人学校的学生进行课程义务辅导；

"仁和之家"志愿服务项目则包括协助行动不便的病人就医，指导病人填写中药配送信息登记表，协助维持门诊大厅秩序，替特殊患者排队挂号、检查预约、交费、取药，为患者引路等工作。多样化的项目让参与的学生能够面对不同的服务环境和群体，从而提升适应能力和沟通表达能力，开阔视野和感恩服务并得。

四、项目实施成效

"知恩反哺·公益青春——团员青年16小时服务社会"实践育人项目坚持至今，取得了显著的成效。在我院推行的"助困+扶志+强能"型家庭经济困难团员资助模式中，本项目通过对家庭经济困难团员的思想帮扶和能力帮扶，在"扶志"与"强能"方面发挥作用。

（1）思想帮扶：感恩教育"润物细无声"。我们无法通过数据来说明有多少例感恩教育成功的例子，但是在本项目的参与者中，没有出现因为自身的原因违反校纪校规的情况，也没有发现参与过该项目的学生出现受助不感恩的情况。学生用自律、勤勉的表现让我们相信我们的感恩教育正在一点一滴产生作用。许多家庭经济困难的团员在参与项目之外，还积极投身其他志愿服务活动，在帮助他人的过程中收获快乐，获得对自我的肯定，他们把社会、学校给予他们的爱转化为了学会感恩、反哺社会的原动力。

（2）能力帮扶：综合能力提升"厚积薄发"。家庭经济困难团员青年作为校园中较为特殊的群体，往往比较内向、自卑，本项目通过为他们组建合作小组、提供培训，让他们在服务社会的过程中接触不同的环境和人群，提高他们的综合实践能力。在这个项目的参与者中，涌现出了许多优秀的个体：2011年、2013年我院分别有2位家庭经济困难的团员（吕江辉、谢鑫）获得由团中央和全国学联主办的寻访"中国大学生自强之星"活动提名奖；李满金同学是校最高级别奖学金——经亨颐奖学金获得者；蔡敏仪同学是REACH奖学金获得者。不少学生在参加实践项目后，变得开朗、自信，积极参与各项活动，例如在已连续举办四届的校级困难生实践育人项目申报中，我院累计有24个项目被确立为重点项目或一般项目。在学院"志远杯"困难生创新创业项目申报中，共有85个项目获得立项。而从参与过该项目的2014届团员青年的就业情况来看，其就业率高于全院平均就业率2个百分点。

（3）服务区域及参与对象范围扩大。随着各个项目的不断完善，辐射面也在不断扩大。例如，车库管理的范围从生活区扩大到了教学区，而"聆听·爱""仁和之家"项目的加入则让服务区域从校内拓宽到了校外。作为新增项目，"聆听·爱"项目已经运行了近2年，"仁和之家"项目也已成功运行了1年并将在下一年度继续运行。从近几年的情况来看，参与的贫困生团员数有逐年上升趋势，而且有越来越多的非贫困生团员自愿加入项目中，因此"聆听·爱"项目和"仁和之家"项目已面向我院全体团员开放。

05

|创新创业篇|

创业加油站　为梦想助航

——阿里巴巴商学院"创业加油站"项目

阿里巴巴商学院团委围绕学院办学特色，以"创业加油站"特色活动为载体，贯通并丰富"一站式"创业实践链，构建电子商务创业实践基地和电子商务创业实践闭环，注重发挥团组织服务青年、凝聚人心、促进和谐的作用，切实增强履职能力和服务能力。

一、项目基本概况

（一）现实意义

"创业加油站"旨在为创业学子开拓一个崭新的实践实训平台，同时也使创业者有更多机会接触到各种优质的项目，了解到最新的行业信息。基于这个目的，学院团委依托电子商务、网络营销、国际商务、物流管理等专业优势，建设"淘宝创业实验室——淘宝创业中心（孵化）——大学生电子商务创业园——电子商务物流基地——网络创业研究中心""一站式"创业实践闭环。通过一年多来的建设，已经建成大学生电子商务创业园，基本建成菜鸟驿站物流实践基地，"一站式"电子商务创业实践链基本形成。

（二）建设现状

学院与阿里巴巴集团实施深度校企合作，可以有效利用阿里巴巴集团雄厚的创业资源。学院已建成了淘宝创业实验室、淘宝创业中心（孵化）、电子商务创业园和网络创业研究中心，学院现有学生创业团队30余个，在校生正式注册公司13家，学生创业热情高涨，创业氛围浓厚。同时，学院已经开展"阿里讲堂""阿里课程""牛人讲坛"等学习交流活动，今年，开展"E次方电商"活动,邀请电商大咖、企业家开展各类沙龙活动,将创业教育无缝隙融入其中,学院还利用 ERP 实验室,通过 ERP 学生社团、未来企业家俱乐部等学生组织,以实践的方式开展创业教育。经过几年的努力和积累,学院学生创业团队数量逐年增加,业绩逐步显现,出现了年销售额过千万的团队,更多团队正在起步阶段,同时,除在淘宝、天猫平台外,创业团队向京东、微信、贝贝网等团购平台迈进,进一步培育速卖通、ebay、wish、亚马逊等跨境电子商务创业团队,创业类别进一步丰富。

(三)优势条件

(1)紧密结合专业。电子商务创业实践基地,紧紧依托电子商务、网络营销、国际商务、物流管理等专业,逐步辐射到计算机、软件技术、会计学、管理学等方面专业,以专业为背景,有针对性地开展创业实践。

(2)紧密结合就业。电子商务创业实践基地旨在倡导"在创业过程中修炼就业能力""以创业带动就业"。

(3)紧密结合产业。电子商务产业作为电子信息技术与互联网平台两者结合的重要载体与商业形式,已经改变了企业经营与人们生活的方式,未来几年还将发生深远的变化。在这个大背景下,电子商务创业实践基地将立足于产业现状,依托教学科研的优势,推动产业发展,最终目标是致力于推动电子商务创新发展商业模式。

二、本项目建设的目标与思路

(1)学生创新创业的精神和能力得到提升。

(2)学生在创新创业类比赛中取得新突破。力争在省级及以上各类竞赛中每年不少于 2 项。

(3)学生创业取得实战型成效。2016 年,促成更多项目团队落地并盈利,培育营业额超过千万级的团队 3 个,学生创业团队总销售额已突破 5000 万人民币。跨境电商创业团队总营业额力争突破 200 万美元。

(4)促进学生就业。力争学生自主创业率占学生就业总数的 7% – 8% 以上。

(5)以创业促教学、促研究。通过创业过程,发现教学过程中存在的不足和问题,改进教学内容和方式;通过创业,积累创业信息和数据,有效推进创业等方面的学术研究。

三、本项目建设的实施方法与过程

(一)实施三项措施

(1)基地建设阶段。在淘宝实验室、淘宝创业中心的基础上,进一步建设好菜鸟驿站——电子商务物流基地,做强大学生电子商务创业园,创建跨境电商创业实验室和仓配中心。菜鸟驿站——物流实践基地空间问题已经得到解决,2015年5月全面投入使用,2016年完成整合装修改版升级工作。目前,我校菜鸟驿站已成为全国校园物流终端的标杆站点,受到20余家亚洲媒体和30余家国内媒体的报道。跨境电子商务创业实验室已于2016年4月底基本建成,首批团队入驻完毕,同时仓配中心也于4月初步建成并投入使用,下一步将进一步美化环境、优化功能。

(2)培育团队阶段。包括创业团队和导师团队的整合。在建好电子商务创业园平台,完善创业实践链后,以淘宝实验室、淘宝创业中心中现有的创业团队为基础,依托"挑战杯""希望杯""拥抱变化杯"等赛事,加快推进创业项目的培育和孵化,随时接受挑选。2015年,我们重点培育大团队,培育千万量级的团队和跨境电商创业团队。

(3)全面运营阶段。经过前期的有效融合,要进一步做好电子商务创业实践基地硬软件的升级与完善,为团队提供快捷、高效的技术保障,提升创业园内生式发展。创业团队全面入驻后,面对"淘宝创业实验室(跨境电商创业实验室)——淘宝创业中心(孵化)——大学生电子商务创业园——网络创业研究中心"不同的创业团队,团委组织实施"进阶式"的创业指导,从"感受、体验、认知、领悟"等不同层次推进创业实践环节。

(二)组织三大赛事

(1)开展"拥抱变化杯"创新创业大赛。以大学生创新创业大赛为载体,激发大学生创新创业热情,培养树立核心价值观,鼓励大学生创新创业启航。

(2)组织参加"挑战杯"大学生学术科技作品竞赛和"希望杯"创业计划大赛。培育优秀科研项目,提升学生科学研究能力,选拔优秀的创业苗子和优质创业项目，加以引导、扶持，帮助项目孵化和落地，做大做强。

（3）组织参加电子商务竞赛。通过组织阿里学子参加各类电子商务类竞赛，进一步夯实电子商务基础知识和创新创业基本技能。

同时，根据项目开展的不同阶段与需求，以不同方式给予场地、资金、政策等方面的支持，通过"网络创业孵化器"扶持网络创新项目，通过"大学生创业园"鼓励条件成熟的创业项目落地，强化学生的创业能力培养。

（三）开展三大服务

（1）开展专家投融资知识和业界动态咨询服务活动。依托"E次方电商"沙龙活动，定期邀请相关专家，为创业者补给对投融资等与创业相关知识，并介绍业界动态，为更好地创业打好更扎实的基础。

（2）开展创始人文化和创业故事分享活动。适时邀请知名企业家与创业者分享创业故事，为创业者提供专业辅导及精神能量支持，2016年完成了6期"牛人讲堂"。

（3）开展项目培训和对接服务活动。以党组织为桥梁，搭建企业家、专家与创业学子之间的交流平台；有针对性地邀请相关创业精英、企业家对项目进行分类指导；构建人才项目与资本有效对接的平台，吸引更多优秀的大学生创业团队和项目；最大限度促使项目落地，尽可能促成有条件的好的项目与企业对接，实现利润最大化。

四、本项目建设的保障条件

（1）2015年，我们重点建设了跨境电子商务创业实验室、摄影工作室、仓配中心等，丰富创业实践链。实践链中的各个环节始终围绕专业背景，突出专业性，彰显实践性，强调针对性，融入创业教育于创业实践中，对培养大学生创业实践能力和创新创业精神，实现创业梦，起到了有效的推进作用。

（2）学院每年投入10万元左右的经费用于"拥抱变化杯"创新创业大赛，对有潜力的项目和团队给予重点扶持，不仅加大经费扶持力度，更加大对项目的专业指导，推进项目孵化，促进项目落地。2015年，共有3项国家级大学生创新创业训练计划项目获得立项资助，资助资金6万元；2项获得浙江省新苗人才计划立项资助，资助资金4万元；与阿里巴巴集团合办的"拥抱变化杯"创新创业大赛共立项25项，资助金额3万余元。借鉴吸收阿里巴巴集团淘宝大学、天猫商学院、百年大学（湖畔学院）、知识管理、阿里研究中心等经验成果，建设了网络创新创业教育平台，方便学生及时获取创业教育资源，实现BBS论坛上传等互动功能，满足师生的个性化需求，提高创新创业教育效率。

（3）学院团委创新创业工作得到阿里巴巴集团的大力支持和高度认可。2015年12月捐赠16万元用于创业加油站一院一品项目。

以创新驱动成长　以创业铸就梦想

——杭州国际服务工程学院大学生创新创业基地建设

近年来,为了进一步认清高等教育改革与发展新形势,树立适应21世纪高等教育需要的创新创业教育思想观念,全国各地高校大学生创新创业基地纷纷涌现,这种极具创新的实践教学模式,最大潜力地挖掘学生的创新意识,模拟现实科技创新的发展过程和步骤,在全面提高大学生科技创新能力和创业能力的基础上,推动着高校的科技创新水平和国家的科技创新水平的发展。

为积极响应学校发展改革的号召,贯彻落实学院"十二五"规划的相关工作,配合学院发展改革的要求,学院学生创新创业基地于2013年11月8日正式挂牌成立,按照"应用化、国际化"的标准,在"争创省内一流人才培育基地"和"培养国内中高端服务外包人才"的办学理念下,不断创新学院人才培养模式,加大"互联网+"创新创业人才培养力度,在学院重点培养一批创新能力强、创业意识强、实践技能强、综合素养优的学生,树立典型,宣传榜样,以促进学院的学风建设和学生的成长成才。

一、创新创业基地情况概要

(一)基地建设宗旨和意义

学院一直注重学生的创新创业意识的培养,注重创新创业的氛围营造,打造创新创业平台,将思想政治教育与学生创新创业有机结合,凸显实践育人成效。大学生创新创业基地的建设,突破了传统教学实践活动模式,有利于培养大学生创新能力建设和创新精神的培养,有利于大学生实践能力的提高与创业经验的积累。传统教学模式注重专业实验室的建设或校外实习基地建设,而大学生创新创业基地不仅融合了高校浓厚的人文情怀的软件环境，同时集成了专业实验室与校外实践基地的硬件优势，从而为学生提供了一个学以致用、知识与经验结合的学习实践基地。

学院学生创新创业基地旨在通过为学生提供创新创业实践平台，鼓励和培养大学生的创业精神，引导大学生在艰苦创业的实践中学习创业知识、激发创新精神、磨炼创业意志、培养创业品质、提高创业能力、拓宽就业渠道。对于具有市场价值的创新成果通过"企业化管理，项目化运作"的模式进行创业实践服务。

（二）基地运作模式

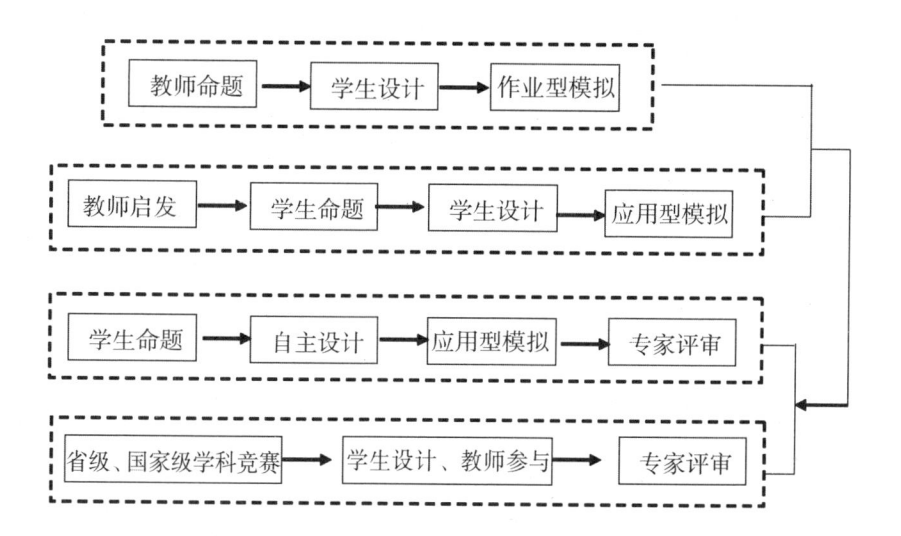

```
教师命题 → 学生设计 → 作业型模拟
教师启发 → 学生命题 → 学生设计 → 应用型模拟
学生命题 → 自主设计 → 应用型模拟 → 专家评审
省级、国家级学科竞赛 → 学生设计、教师参与 → 专家评审
```

目前，我院学生创新创业基地以命题和启发两种方式，引导学生开拓思维，形成项目，其中命题可以教师命题，亦可由学生自行选题，以参加相关学科、创新、创业类竞赛为载体，由学生自行完成项目设计和实践，项目化的运作方式进行作业型模拟或应用型模拟，并邀请相关专家对项目进行评审，选送优秀项目参加各级赛事。

（三）创新创业基地建设现状

（1）场地设施配备情况。学院学生创新创业基地主要建设于仓前校区恕园2号楼，先后开辟了2号楼511、518、608三个独立空间，场地面积超过300平方米，向创新创业团队开放，同时向入驻基地的学生团队提供必备的办公硬件和办公电脑等。依托4个教师科研实验室和2个研究生实验室，以个人为单位吸纳学生参与到科研项目中。学生公寓9号楼11楼和8号楼10楼活动室作为创业联盟，向创业团队开放，提供会议和沙龙场地。

（2）导师配备情况。为鼓励学生参与创新创业活动，学院先后聘请十余位专业老师担任各相关学科竞赛教练，以个人或团队为单位招募学生，以命题或启发方式确定研究项目，组织并参与学科竞赛等创新活动。另外，学院也聘请了诸如清华EMBA投资俱乐部秘书长、浙江融恩投资管理有限公司董事长张志峰先生，浙江集群宝电子商务有限公司总经理陈炉均先生等十余名拥有创业实战经验的成功人士担任学院创业导师，为学生创业团队提供咨询、培训、指导等。

（3）学院政策支持。学院注重学生创新创业精神和实践的培养，为确保创新创业基地运作过程中能够最大化地发挥育人作用，学院先后成立创新创业基地领导小组、管理办公室以及创新创业导师库，为基地建设提供人力或物力的支持。在我院的师范生留杭名额评比办法、综合测评实施细则、优秀毕业生评选补充细则等评奖评优措施中，分别明确对学生创新创业相关活动开展情况给予认定和加分。

为了完善基地的日常管理和考核，学院先后出台《杭州国际服务工程学院学生创新创业基地管理办法》《杭州国际服务工程学院学生创新创业基地管理条例》《杭州国际服务工程学院学生创新创业基地入驻协议》《杭州国际服务工程学院关于支持学科竞赛和创新创业的若干意见》等文件和办法，以规范基地管理。

二、以创新驱动成长，借助学科竞赛提升人才培养高质量

1. 明确工作重点，强化各类竞赛

学院依托学生创新创业基地开展创新工作，明确了以学科竞赛带动学生创新实践能力的工作重点。学院领导高度重视学生实际动手能力的培养，分管学院学科竞赛工作的副院长和副书记，专门针对学院学科竞赛工作召开多次专题研讨会。讨论学院学科竞赛今后发展规划和努力方向。整合学院各方资源，全

力支持学科竞赛和创新创业工作，争取多出高水平的成绩，并用学科竞赛推动学院学科建设和专业发展，推动学生创新能力培养和创新创业基地建设。

2. 拓宽竞赛项目，开设培训课程

学院目前设有省部级及以上竞赛项目共有 5 项，分别为大学生服务外包创新创业大赛（国家级、省级）、大学生 ACM 程序设计竞赛（国际级、省级）、大学生文科计算机设计竞赛（国家级）、大学生电子设计竞赛（国际级）、大学生多媒体设计竞赛（省级）。我院学生积极参加学院各类学科竞赛活动，并积极参加学校其他学院学科竞赛工作。

2014 年，学院创新创业基地共举办各级各类竞赛共 10 余次，各级各类竞赛分别培训共 20 余次，培训学生人数超过 2000 余人次。

3. 整合实验室资源，加深师生互动交流

2014 年我院学生申报各项科研立项共计 27 项，其中浙江省大学生科技创新活动计划暨新苗人才计划 4 项，学校"挑战杯"暨学生科研项目立项 5 项，国家级、省级大学生创新创业训练计划 3 项，学校"本科生创新能力提升工程"立项 15 项，学生科研立项覆盖学生人数 150 余人，专业老师担任指导教师共计 54 人。

另外，我院现有教师科研实验室和研究中心共计 4 个，所有教师科研项目和团队全部吸纳本科生参与其中，学生进教师科研实验室参与项目累计超过 70 人。目前，各实验室和研究中心基本已形成从大一到大四学生科研梯队，有效参与到纵向、横向教师课题中。实验室资源的充分利用，不仅为教师科研提供了基础力量，亦为学生参与创新创业活动拓宽了平台。

4. 稳扎稳打促学风，学科竞赛取得骄人成绩

学院的重视和学生的积极参与取得了良好的效果，2014 年我院学生在中国大学生软件服务外包大赛中获得一等奖 2 项；中国机器人大赛暨 RoboCup 公开赛一等奖 1 项，二等奖 1 项；中国大学生计算机设计大赛一等奖 1 项；全国大学生服务外包创新创业大赛三等奖 3 项；省大学生电子设计大赛三等奖 5 项；省大学生服务外包创新创业大赛三等奖 3 项；省多媒体大赛三等奖 1 项。在校院各类竞赛中获得各类奖项共计近百次。

三、以创业铸就梦想，依托创业实践谱写育人理念新篇章

学生创新创业基地成立以来，一直贯彻使在校学生能够充分体验创新创业过程，将所学知识与经济社会的发展紧密结合起来，提高学生创新创业的意识和能力。在学院学生创新创业基地领导小组的指导下，顺利地完成了基地的筹建及相关制度章程的初步制定，开设了创业指导相关课程，同时举办了一系列创业实践活动，指导一部分学生先后走上创业道路。

1. 广泛使用新媒体，加大创业宣传力度

2013 年 11 月起，我院学生微信公众平台"国服小助理"上线，定期向同学推送创业相关信息，其中包括我院已有教师科研实验室及学生创业团队介绍和招募新成员需求、创业相关政策法规解读、创新创业相关赛事报名和参赛通知等。

同时，"国服小助理"微信平台特别增加"创新创业"板块，学生可通过微信平台关注已有创业团队的介绍信息，也可在微信平台上直接报名加入创业团队。这样不仅创新了创业相关信息的发布渠道和方式，同时也突破了传统信息发布方式的空间和时间障碍，使得同学能够实时实地加入到创新创业中来。

2. 开设创业课程和培训，培养创业精神，提升创业素养

学院每年面向大二、大三年级学生开设创业课程《创业意识培养》《创业资源准备》《创业计划书撰写》等共计 12 次，覆盖学生人数超过 780 人，另外学院积极组织创业教育讲座，多次邀请创业成功人士对在校学生发起创业动员，全面培养学生创业精神，2014 年下半年，我院生均创业教育达到 7 课时。

此外，针对已申报入驻我院创新创业基地的学生创业团队，基地邀请风投公司、合作企业，多次开展创业实战指导、营销策划、财务报表分析等课程培训，为已经在创业的学生团队提供咨询和指导。

3. 做好服务工作，营造良好创业环境

创新创业基地管理办公室根据入驻团队的经营需要，在各项宣传和申请活动中积极配合并利用自身业务优势提供一定的支持帮助其逐渐成长。如校内场地审批、校外项目推广等方面，给予支持；向入驻团队提供负责人在校期间的工商注册所需场地证明，支持创业团队办理工商登记注册业务；定期开展相关

培训介绍大学生创业相关政策法规；长期提供创业咨询和技术支持；为创业团队争取创业奖励和资金支持；组织和培养学生创业团队积极参加"挑战杯""沃土杯"等创业大赛。

另外，创新创业基地管理办公室还在消防、安全、硬件设施配备、考核奖惩等日常管理方面向各入驻团队提供服务。

4. 鼓励创业准备，支持创业实践

在对大二、大三在校学生全面展开创业教育后，我院涌现出一批具有创业意识的在校学生，纷纷以微信平台咨询、面对面咨询的方式，表明自己的创业意向，向学院寻求帮助，希望入驻创新创业基地，争取资金支持和项目推广，享受创业咨询和指导等。学院创新创业基地鼓励有创业意识的同学能够为创业多做准备，并提供机会与平台让同学了解创业、学习创业，甚至加入到创业团队中体验创业，在心理、法律、知识等方面为未来的创业成功做足准备。

对有创意且相对成熟的创业团队，学院创新创业基地支持其进行创业实践，除提供场地和资金、服务等支持外，还为在校生创业进行工商登记注册提供场地支持。2014年，我院创业团队共计28支，覆盖创业学生超过200人，其中已完成工商登记注册的共13支，总的年营业额已突破500万。

发挥高校文明高地　打造诚信网络空间

——阿里巴巴商学院"网络诚信空间"项目

一、项目背景

近年来,网络上的假货层出不穷,团购网、P2P 行业的信用乱象频发,校园物流乱象丛生,如何有效识别网络假货和售假行为,如何帮助消费者识别团购网信用水平,帮助投资者规避欺诈风险,维护投资者权益,如何提高校园物流安全高效配送运转,是我们网络志愿者的职责所在。同时,90 后大学生已经成为网络购物消费的主力军,如何培养和弘扬当代大学生的网络诚信文化,增强责任意识,也是我们的职责所在。

二、具体做法

2009 年以来,杭州师范大学紧紧抓住与阿里巴巴集团深度合作的强大优势,依托阿里巴巴商学院,先后成立"诚信网商"——网络打假志愿服务队,"中国网络信用研究团队",开展"诚信快递"服务站活动,更加准确地发现假货的销售源头,帮助消费者识别团购网信用水平,帮助投资者规避欺诈风险,在校园内唱响网络"诚信文化"的主旋律。

(一)"诚信网商"——网络打假志愿服务队

面对层出不穷的网络假货,为了更加准确地发现假货的销售源头,甚至帮助相关职能部门追查到制造源头,杭州师范大学阿里巴巴商学院联合阿里巴巴集团,于 2009 年率先在高校成立了"诚信网商"——网络打假志愿服务队,志愿者涵盖了电子商务、网络营销、汉语言文学、英语、日语等多专业学生,志愿服务的领域涉及淘宝网、阿里巴巴1688国际站等多个平台。

（1）服务内容。服务队按照志愿服务内容分为7个小组，分别为网络反欺诈小组、图像审核小组、网络违禁品举报小组、网络反低俗信息举报小组、论坛答疑组、淘吧信息审核小组和网络商品打假小组。服务的形式主要是在网络平台查找侵权商品、非法卖家等进行举报，提交小二核实。服务的主要形式是在淘系网站上寻找侵权商品、非法卖家并进行举报，通过志愿者入口，提交ID，最后由小二核实举报是否成立。小二们每周通过YY平台对网络志愿者进行业务培训、答疑，提高志愿者打假专业技能。

（2）主要特点。与传统志愿活动相比，"诚信网商"——网络打假志愿服务队的主阵地在线上，on line，专业性强、持续时间长是志愿服务活动的显著特点。为提高志愿服务队伍的稳定性、专业性，提高志愿者专业技能，我们联合阿里巴巴集团社会责任部，每年招募志愿者2次，每周组织专业人员对志愿者进行线上业务培训和答疑解惑。进一步加强对志愿者的考核管理，每月对志愿者的打假举报业绩进行考核，表彰先进，淘汰不合格者。

（3）激励办法。为鼓励先进，我们对表现优秀的志愿者颁发淘宝绝版纪念品，年度成绩优异的志愿者受邀参加阿里巴巴集团举办的年度志愿者大会，并有机会获得杭州市"优秀志愿者""功勋志愿者"等荣誉称号，纳入正式志愿者编制志愿者的旺旺还将获得"反欺诈联盟"标识。

（二）中国网络信用研究团队

为帮助消费者识别团购网信用水平，也为帮助投资者规避欺诈风险，维护投资者权益，增强投资者风险排查能力，阿里巴巴商学院在专业教师的指导下，与2013年正式成立"中国网络信用研究团队"，以研究成果来警示、鞭策信用不良平台，促进团购网、P2P讲诚守信和健康发展。

（1）研究领域。"中国网络信用研究团队"研究涉及团购网、P2P平台以及企业信用研究等各个领域。

（2）主要载体。2014年，"中国网络信用研究团队"创建中国网络信用平台并正式上线，开辟"网事照妖镜、网事要闻"两大微信平台并投入使用，"一体两翼"的网络信用体系基本构建完成，传递新闻，揭露网络乱象，提高师生网络识别能力。

（3）主要特点。传承与发展是"中国网络信用研究团队"的主要特点。自成立以来，"中国网络信用研究团队"已经经历 4 次换届，先后有近百名同学参加网络信用等相关研究，网事照妖镜和网信要闻微信中心各发信息、文章 48 期，各发表信息、文章约 250 篇；中国网络信用平台发表信用动态信息约 400 篇，曝光无信事件 100 余件，收集网络信用信息 2000 余条。

（三）"诚信快递"服务站

2015 年，为提高校园物流安全高效配送运转，杭州师范大学阿里巴巴商学院在校园内设立"诚信快递"服务站，让快递配送高效运转的同时，也让"诚信"文化深入人心。

（1）服务内容。"诚信快递"服务站依托学校"菜鸟驿站"，开辟"诚信快递"专区，志愿者通过对快递整理核对，并以点对点的方式发送短信告诉取件人快递的位置和取件方式，取件人无须排队，无须审核，自行取件，方便高效。

（2）主要特点。通过"诚信快递"服务取件，既能提高快递配送效率，通过"诚信"的方式取件，又能让"诚信"的文化在校园传播蔓延。

三、主要成效

（1）网络打假成效日渐提升。6 年来，1000 余名同学加入到网络志愿者的活动中来，网络打假志愿服务队开始从简单重复的人工识别假冒商品到技术甄别，专业技术得到了明显提升，也涌现出许多志愿者的先进事迹，如电子商务 114 团支部刘煜欢同学在第四届淘宝网诚信网商志愿者活动"抓骗子"比赛中成功举报不法商家 500 多个，获得赛区第一名，志愿服务时数 300 多个小时，并荣获 2014 年浙江省"美德学子"提名奖。市场营销 091 团支部胡怡虹同学服务网络志愿者两年多，举报并被证实是骗子的超过 1500 个，被同学们称为女"神探"，她的事迹也被《钱江晚报》等主流媒体广泛报道。网络打假志愿活动也荣获由共青团中央、中央文明办、民政部、中国残联、中国志愿者服务联合会主办的 2015 年第二届中国青年志愿服务项目大赛银奖。学院网络打假志愿者团队也受邀参加阿里巴巴集团主办的互联网安全志愿者大会，得到中央电视台新闻 30 分的报道。

（2）理论研究成果日渐显现。2013 年，《网络团购业信用乱象成因及治理对策研究》获得第十三届"挑战杯"浙江省大学生课外学术科技作品竞赛一等奖,第十三届"挑战杯"全国大学生课外学术科技作品竞赛三等奖。2015年,《P2P网贷平台信用风险识别框架研究》获得第十四届"挑战杯"浙江省大学生课外学术科技作品竞赛二等奖。

(3)校园诚信文化日渐浓厚。2015年,"诚信快递"服务站开站以来,已有数百件快递通过"诚信"支取,未发生丢件、损件等现象发生,"诚信"文化逐渐在校园内传播蔓延。

(本项目荣获共青团中央、中央文明办、民政部、中国残联、中国志愿服务联合会主办的2015年第二届中国青年志愿服务项目大赛银奖)

课堂的延续　创新的舞台

——理学院电子 DIY 协会建设

"创新是民族的灵魂；创新是一个国家兴旺发达的不竭动力；创新是一个政党永葆生机的源泉。"对学生科研创新能力的培养，必须注重培养学生主动学习的精神，养成善于独立思考的习惯，提高勇于创新的能力。学生社团是我国校园文化建设的重要载体，是中国高校第二课堂的引领者。学校攀登工程提出，要培育精品社团，实行文化育人。我院重视社团在良好学风形成上的重要作用，坚持"以社团为阵地，用兴趣促科研"，着重打造电子 DIY 协会，以社团为载体搭建学生科研创新平台。

一、本项目的基本概况

（1）现实意义。学校提出了创建省内乃至国内一流综合性大学的目标。对于一流的大学来说，良好的学风氛围是不可或缺的；对于一流的学子来说，卓越的科研创新能力是必不可少的。社团作为一个凝聚学生兴趣和锻炼学生能力的地方，是一个促进良好学风形成和培养学生创新能力的平台。

（2）建设现状。理学院现有数学系、物理系和地理科学系。数学系学生的科研创新能力的培养已经有了一个良好的平台，即数学科研协会。每年协会都会组织同学们参与全国高等数学竞赛、数学建模竞赛等高水平的赛事，并为同学们组织各种培训。协会曾获得"浙江省优秀学生社团"称号，在我院同类型社团中发展得最为成熟。相对而言，我院物理系的学生一直缺乏一个良好的平台。在学院现有的社团中，电子 DIY 协会虽然历史悠久且具备了良好的群众基础，但是相较于数学科研协会而言，在综合提升学生科研创新能力方面仍比较薄弱。因此我们决定着重打造电子DIY协会，在其已有的模型车制作大赛的基础上，加入物理教学技能大赛、物理创新竞赛等内容，为学生打造一个全新的创新平台。

（3）优势条件。我院已有学生在全国大学生物理教学技能大赛上获得一等奖，在浙江省大学生物理创新大赛（理论、实验技能）上获得一、二、三等奖。电子DIY协会也曾组队参加"飞思卡尔"杯全国大学生智能汽车制作大赛，取得了华东赛区电磁组二等奖的好成绩，已经具有了一定的基础。同时，理学院作为理科学院，在物理教研方面具有专门的师资队伍，可以为学生参加这些学科竞赛活动提供专业指导。学科竞赛作为专业学习的延伸，与学生在课堂上的学习相辅相成。

二、本项目建设的目标与思路

（1）项目目标。将电子DIY协会打造成为一个优秀的学生科研学术类社团，为学院良好学风的形成，以及学生科研创新能力的提高搭建良好的平台。

（2）建设思路。第一，保留电子DIY协会已有的与物理系各专业相关的活动和项目，如模型车制作大赛、电子产品义务维修系列活动等，加入大学生物理教学技能大赛、大学生物理创新竞赛等内容。第二，在电子DIY协会下设两个小组，一个负责协会既定的传统活动，一个负责新增的物理创新竞赛等方面的内容。第三，向数学科研协会借鉴经验，将竞赛培训规模化、制度化，为参加竞赛的学生提供专业的培训。第四，电子DIY协会实行双导师制，聘请两个指导老师，一是指导业务的专业指导老师，负责社团各项专业活动的指导；二是指导社团有效运行的思想指导老师，负责协会日常运行的指导。

三、本项目建设的实施方法与过程

"罗马不是一天建成的"，社团的发展要做精做强，树立自己的品牌，就一定要有自己的发展战略。电子DIY协会被寄予提高学生科研创新能力、营造良好学习氛围的厚望，所以必须制定自己的发展战略，逐步实施，稳步发展。我们通过制定培训机制、竞赛机制、活动机制等举措，保证社团的稳步发展、不断前进。

（1）培训机制。为了帮助会员们不断深化专业知识，对竞赛知识的相关内容进行思考和研究，电子DIY协会建立起培训机制，邀请专业老师和相关专家对会员进行培训。培训可分为日常培训和暑期集中培训两个方面。日常培训每两个星期进行一次，邀请学院物理系相关专业老师组成培训教师队伍，制定培训课程表，为有兴趣参加各类物理学科竞赛的会员进行有针对性的培训。暑期培训一般都是竞赛之前的集训，在暑假进行，由指导老师带领参赛队伍集中培训十至二十天不等。

（2）竞赛机制。在建立了较为完善的培训机制、对会员进行了相关知识的培训之后，电子DIY协会将会组织会员们参与到各类竞赛中去，从中不断提高自己的专业水平和研究能力。已有的竞赛平台有全国大学生物理教学技能大赛、浙江省大学生物理创新竞赛（理论、实验技能大赛）、"飞思卡尔"全国大学生智能汽车制作大赛。通过组织会员参加这些竞赛活动，激发会员的学习和科研的积极性和主动性。

（3）活动机制。除了对会员进行培训和组织会员参加各类学科竞赛外，协会还组织各类丰富多彩的活动，如模型车制作大赛、灯饰制作大赛、趣味电学知识竞赛等。希望通过类型丰富的活动，让每一位会员找到自己的兴趣所在，让更多的会员激发学习的兴趣和热情。同时，电子DIY协会还会组织暑期社会实践，在实践的过程中开阔会员的视野，增强会员对协会的归属感。

四、本项目建设的保障条件

（1）组织领导。电子DIY协会接受学院党委的领导和学院团委的指导，由学院团委里负责社团工作的老师和社团的专业指导老师具体负责指导。

（2）队伍建设。电子DIY协会有自己独立的社团章程，每年按期进行协会干部的新旧更替，由学院团委和社团联合会予以监督，完整的干部队伍保证了协会的日常运作。同时邀请相关专业老师组成培训队伍，加强了对社团的业务指导。

（3）资源配备。电子DIY协会拥有自己的社团活动室，在举行各类活动时有学院的物理实验教学中心为保障，包括精工实验室、控制实验室以及传感实验室等。此外还拥有学院相关专业教师的悉心指导，为社团活动的开展提供专业支持。同时，为支持学术科研类社团的发展，学院团委在社团建设经费上也给予了足够的保障。

以科研助理工程为抓手 构建科研育人新模式
——材料与化学化工学院大学生科技创新基地建设

随着世界科学技术的突飞猛进，综合国力竞争的日趋激烈，社会对人才的需求越来越强烈，对人才素质的要求也越来越高。大学生是科学技术的掌握者、运用者和创造者，其素质是民族素质的集中表现。随着全国大学生"挑战杯"课外学术科技作品竞赛、全国大学生电子设计竞赛、全国大学生化工设计竞赛等一批具有影响力科创活动的开展，参加的院校和学生数目逐年增加，获奖作品的水平也逐年上升。这些活动成为评估高校人才培养方面的一项重要指标，在推动全国高等学校教学改革方面发挥着重要作用。

我院高度重视学生科研能力的培养，在"材化学院大学生科技创新基地"的基础之上，依托我院学科专业优势与条件，加强和完善科研助理工程建设，并以此项工程为抓手，让学生参与到教师科研项目、"贵之烯"化研社和"华宇杯"化学实验技能竞赛等集化学科技兴趣培养、化学基本知识和基本技能训练为一体的活动中去，将"学习""研究"与"学生成才"有效地融合，有力地推动了大学生综合素质的养成和教师科研育人能力的提高，形成了科研"立体式"育人的新模式，对我校大学生创新教育、素质教育形成示范、带动和辐射作用。

一、项目概况

1. 项目意义

一个没有创新精神的民族，难以屹立在世界民族之林；一个没有创新精神和成果的大学，也难称之为一流大学。国家将培养创新人才纳入到国家中长期教育与改革发展中，大学生科研创新能力的培养已成为当前高等教育的重要内容之一。

材化学院师资力量雄厚，拥有科研实验室以及实验教学中心等资源。2011年建立的"材化学院大学生科技创新基地"将我院开展的各级、各类学生课外技能训练、实践和竞赛等大学生创新活动资源进行整合，统筹管理，规范运作，纵深拓展，实行有计划、有步骤、有目的地先行引导，让学生从低层次的兴趣爱好逐步发展为自主创新，自我培养的高级阶段。结合其他课堂教学、科研环节，从而实现培养学生综合素质高、动手能力好、创新意识强的最终目标，建立了一个统一的管理组织，统一的科技实验平台，统一有序的科技训练体系，为我院及全校大学生提供科技创新活动的场所。

借助我院科技创新基地平台，建立和完善科研助理工程，并以科研助理工程为抓手，进一步加强我院学生创新教育、培养和培训，锻炼和培养学生的探索创新能力，从而营造学生创新学习和科技创新实践环境，让学生在建设创新团队、输出和展示创新成果中，进一步激发其发明创造的热情，培养学生强烈持久的科研动机、积极执着的科研情感、坚忍不拔的意志、严谨踏实的作风，将"学习""研究"与"学生成才"有效地融合，从而推动大学生立体式、全方位发展，促进大学生的自我成长。

2. 项目实施过程

本项目旨在通过建立一个统一的组织机构，完善的科研助理工程平台，丰富有序的学生社团活动，让学生在培养科研兴趣、建设创新团队、开展科研技能训练、参加科研竞赛实践的过程中，培养自身严谨的科学态度、积极的探索精神、坚忍不拔的意志、良好的沟通管理能力；从而构建一个包含兴趣培养、创新实践、能力提升三个层次的人才培养新模式，推动大学生立体式、全方位发展，促进大学生的自我成长。

二、项目实施总结

自项目立项以来，各项工作进展顺利，现将本项目研究工作的实施情况作如下汇报：

1. 建立了专门的组织机构，指导项目顺利开展

为了扎实推进项目建设，保障学生学术科研活动的有效开展，学院成立了项目专家指导小组，成员由学院相关领导、实验中心负责人、优秀教师、学生会、学生科技社团负责人等组成，作为学院大学生科研和科技创新活动的领导机构，全面负责科研助理的选拔、聘用、管理和考核工作。办公室挂靠在院团委，由院团委书记主负责，团委实践部学生干部兼任办公室秘书。

学院成立了学生科研指导委员会，由学院优秀教师及学院有关负责人组成，负责对创新项目进行评选、评审、指导和验收。在过去一年中，委员会成员按照学院相关文件精神，认真履行其工作职责，对学生的各项科研项目精心指导、认真把关，为学院各级科研项目的推荐、学科竞赛的顺利开展起到严把关、精推荐的良好作用，取得了卓越的成效。

2. 规范了科研助理导师的聘任工作，强化科研育人理念

根据我院教师的科研和育人工作情况，挑选科研能力突出的教师，聘任其担任学院的科研助理导师。项目实施一年中，材化学院拥有科研助理导师合计25人（约占专任教师总数的1/2），已逐步组建成多支以1名指导教师和3～4名科研助理构成的大学生科技创新团队。在指导老师的带领下，担任科研助理的学生普遍能完成"入门、项目布置、实验安排、实验操作、项目控制、结题报告"等一个完整的科研工作循环。和科研导师在一起学习和做实验的过程，极大地提高了学生的科研兴趣，培养了他们发现问题、研究问题和解决问题的能力。同时强化了导师通过科研培育人才的理念，逐步形成稳定的学生科研活动指导队伍，保障了科研助理工程的有效开展。

3. 规范了学生科研助理的选拔工作，强化人才培养目标

健全的管理制度是项目开展的有效保障。学院修订了《材料与化学化工学院学生科研助理实施办法》，明确了科研助理选拔时间、职责和义务，要求学生通过自己申请、科研导师选拔面试、师生双向选择，最终确定担任科研助理学生的名单。严格制定了担任科研助理的学生需完成的科研项目目标，鼓励学生积极投入科研创新活动，并在活动中探索自我发展目标。

4. 完善了科研助理工程的激励机制，形成人才培养平台

有效的激励机制是大学生科技创新活动持续发展的重要动力。学院在《材

料与化学化工学院学生科研助理实施办法》中明确了科研导师和科研助理的考核办法，与教师、学生的评奖评优合力形成联动机制。对科研导师而言，学院实行一年一评，对优秀者授予"优秀科研导师"荣誉称号，把指导大学生科技创新活动作为教师评优的一个重要指标。对学生而言，规定科研助理期满一年后，学生上交工作总结，科研导师上交导师考核结果，项目指导小组评选出当年的优秀科研助理，奖学金评定中给予加分认定。并将此次考核作为第二年5月科研助理先进个人评选的依据。我院每个学年会评选出优秀科研助理，这些优秀科研助理分别来自不同导师。制度的修订实施促进了科研助理工程的健康发展，形成了稳定的人才培养平台。

5. 丰富了大学生科研社团活动，浓厚科研成才氛围

依托学生社团，学院举办了一系列丰富多彩、深受广大师生喜爱的活动，如化学DIY，趣味实验大赛，彩焰制作，"华宇杯"化学实验技能竞赛等，激发了低年级和相关学院的大学生学习化学知识和从事化学实践活动的兴趣，让参与学生在这个氛围中学会学习、学会思考、学会创新、升华自我、完善自我。

6. 强化了"做中学"培养方式，巩固科研育人模式

学生通过参加"科学与人生"讲堂、"贵之烯"社团活动、"华宇杯"化学实验技能大赛活动和各种暑期社会实践活动，体会了"实践——理论——再实践"的"做中学"模式，在这个过程中学会评估困难、分析问题、解决问题、学会合理安排时间、与人沟通等，来进一步提高大学生的综合素质。

三、项目实施成效

1. 成效概述

"以科研助理工程为抓手，构建科研育人新模式"的项目凭借我院雄厚的师资力量，利用我院各科研实验室以及实验教学中心的各方面资源开展大学生科技创新活动。整个项目以学生为本，以构建科研育人模式为方向，以科研助理及导师研究课题为依托，增加了学生参与科研活动的积极性，培养了学生的实践创新能力，增加了学生的学术竞赛成果，促进了学生成才就业。项目影响力基本覆盖全院大学生以及相关学院的近千名学生，对我校大学生创新教育、培养和培训活动的开展起到了示范、带动和辐射作用，促进了我校的校园文化建

设，完成了预定目标。

2. 成果简介

本项目研究的思路清晰，目标明确，行动扎实，通过科研助理工程，将科研创新工作面扩展至学生学习生活的方方面面，形成了以担任科研助理、参加比赛、参与活动为主要形式的科研育人新模式，取得了卓越的成效，具体如下：

（1）形成稳定的学生科研队伍，起到良好的示范引领作用。在本项目的推动下，我院的科研助理工程得到了进一步的发展。科研助理的人数从2010年仅有15人激增到2015年的175人（约占学生总数的1/4），学生科研导师有25人（约占专任教师总数1/2），已逐步组建成多支以1名指导教师和3~4名科研助理构成的大学生科技创新团队。

（2）学生学术成果大幅增加，营造了浓厚的科研氛围。截至2015年12月，我院科研助理先后在国内外学术期刊上发表论文38篇，其中SCI收录20篇；学科竞赛成果较之前都有了突破：由我院周箭老师指导的竞赛项目"'源森态'资源科技发展有限公司"已荣获浙江省第九届"挑战杯"大学生创业计划竞赛二等奖；由宋艳江、周文君、羊海棠老师指导的竞赛项目已荣获第八届全国大学生化工设计竞赛二等奖、2014"ZEDC杯"第八届浙江省大学生化工设计竞赛一等奖、"诚信杯"华东大学生化工设计竞赛一等奖，2015"ZEDC杯"第九届浙江省大学生化工设计竞赛二等奖、三等奖，"东华科技—三井化学杯"第九届全国大学生化工设计竞赛二等奖、三等奖；荣获第七届浙江省大学生化学竞赛二等奖、三等奖各一项；刘珍、冯琼黎荣获第四届全国高等院校化学专业师范生教学素质大赛"教学设计"比赛二等奖；荣获浙江省大学生职业生涯规划大赛职业组二等奖一项。更值得一提的是，科研助理工程师生队伍稳定发展并不断壮大，为学生的科技竞赛和论文发表，提供了厚实的人力基础，增强了学生科研竞争力的可持续性。

（3）科研育人模式逐步巩固，提升了毕业生就业质量。我院学生科研育人模式的创建，极大地带动了学院学生的考研，在2016年的全国硕士研究生考试中，我院学生表现出色，升学率为41.67%，位列全校第一。其中，149名毕业生中有66人曾担任科研助理（占毕业生总数的44.30%），66名科研助理大部分选择继续深造攻读研究生，其他均顺利找到工作，完成了科研助理优质就业的目标。

（4）熟悉巩固科研工作流程，培养学生的科研素质。学生普遍反映，能在指导老师的带领下，完成"入门、项目布置、实验安排、实验操作、项目控制、结题报告"等一个完整的科研工作流程，和科研导师在一起学习和做实验的过程，极大地提高了他们科研兴趣，培养他们发现问题、研究问题和解决问题的能力。更重要的是，通过此过程，他们克服了参加活动的盲目性和任意性，使参与科技创新活动更加科学化、规范化，坚定了考研信念。这进一步说明在本项目的指导下，我院现在的科研气氛高涨，我院大学生学风建设得到了进一步推进，大学生的创新思维、实践动手能力和科研能力得到了进一步培养，推动着我院科研助理工程逐步成为我院的精品工程。

（5）社团活动覆盖全校近千名学生，调动了学生参与科研积极性。项目实施以来，"贵之烯"化研社继续以"营造学院科研氛围，提高学生科技素质，造就材化科技人才"为己任，在院团委的支持下，在全院范围内开展学生科技活动。社团立足内部，聘请了指导老师对会员进行科研方法与有关知识的系统培训，使学生了解化学科学的前沿发展动态，掌握从选题到撰写论文科研步骤和基本纲领，提高了会员的科研能力。同时，社团举办DIY彩焰蜡烛制作、趣味实验大赛、"华宇杯"化学实验技能竞赛等一系列丰富多彩的活动，激发了学生学习兴趣，营造了良好的科研学术氛围。社团也积极开展各类研究和调研，在挑战杯和暑期实践中发挥引领作用。科研助理工程的实施，已经带动学院师生形成以科研育人的新教育模式，进一步培养了学生的科技兴趣，激发了学生发明创造的热情，逐步形成了我院的育人品牌。项目的开展营造自由开放的科研育人氛围，培养了学生的综合素质，更好地促进学生的自我成长，增强学生的竞争力，促进了学生优质就业，圆满完成了预期目标。

CC021	
CC022	
CC023	
CC024	

06

| 阵地引领篇 |

二、本项目建设的目标与思路

1. 建设目标

通过与"真人图书"就为人、求知、治学、修身等方面的交流，可以让读者在阅读到书本中的显性知识之余，通过直接的对话交流阅读真人图书身上的隐性知识——观念、精神、智慧，这是一种较阅读图书更为不易获取的知识，并对读者产生更直接和强烈的影响，对其人文修养的提升起到促进作用，启发生活的智慧。同时，通过真人图书馆的建设，将实现"以书为中心"向"以读者为中心"的服务模式的转变，加大图书馆"文化交流中心"和"校园文化传承中心"的作用，通过真人图书馆活动，进一步配合校园文化建设，与"点赞师大人"等形成合力，强化互动阅读，发挥典型人物的感染作用。

2. 建设思路

(1) "品牌"聚力，持续推广。将"真人图书馆"项目打造为图书馆的品牌项目之一，突出"聆听真人故事，成就多彩人生"的活动主旨，形成特色活动项目，并在校园文化建设下，与宣传部"点赞师大人"品牌结合，推广以真人图书为主的"悦读师大人"系列项目。

(2) 明确和完善管理体系和项目规范。真人图书馆项目团队由分管领导、负责阅读推广的文献服务部专人、学生合作团队成员等组成，在工作机制上，分工明确，设计评价体系，读者可在微博、微信等新媒体平台和活动现场等提交活动反馈和评价。在未来的发展中，真人图书馆项目将进一步与其他院系加强联系，挖掘更多有代表性和共鸣的真人图书，并优化活动流程，提高参与度和师生积极性。

(3) 做好项目应用和开展。做好环境、真人图书、读者三个要素的建设和维护，累积真人图书资源库，有主题地推出最佳真人图书，与参加真人图书阅读的读者建立渠道，有针对性地发布项目最新信息，搭建舒适、开放、宽松的阅读和交流环境，鼓励沟通。在下一步发展中，加大真人图书馆应用，如可将真人图书馆项目应用到"阅读疗法"等方面。

(4) 推广虚拟平台。在图书馆官网上搭建有"真人图书馆"网站（http://172.31.216.79/zrsg/），公布"新书通报"和"往期回顾""精彩瞬间"

同在外语村　提升你我他
打造伙伴式共青团工作新阵地

——外国语学院"外语村"项目

一、项目建设的背景及意义

习总书记在团中央发表重要讲话时强调，扩大团的工作有效覆盖面，关键是要把工作延伸到广大青年最需要的地方去。据此，共青团杭州市第十八次代表大会首次提出了打造"伙伴"共青团的工作理念。以"伙伴式理念"为理论基础，立足90后大学生热衷新颖、活泼、互动式活动的群体特点，"外语村"创设外语学习模拟空间，以互动式活动为平台，将外语学习、创新素养、实践能力三者紧密结合起来，不断提高我校团员青年的外语水平，丰富团员青年课余生活和精神世界。

"外语村"自2014年1月筹建至今，参与活动的团员青年已达656人次，微信关注量达921人。"外语村"共设西点俱乐部、影视俱乐部、桌游俱乐部、团员青年大学四大特色分支，先后举办活动65场，其中"美国开学季""澳洲风情月""英伦风采情"三大伙伴式主题活动受到团员青年的广泛好评。"外语村"获评2014年度杭州市"十佳百优"创新创优项目，并获2014年度校共青团工作创新奖一等奖，校攀登工程第一期子项目等奖项。

二、项目建设的目标与思路

（一）目标

"外语村"以提高学生外语综合水平，营造讲外语的良好氛围为宗旨，通过开展形式多样的活动，不断提高活动参与者的外语水平，尤其是口语能力。丰富在校大学生的课余生活，培养全方位外语能手，促进校园学风浓厚，提升校园文化品位，打造校园精致活动品牌，服务广大学子，促其成长成才。

（二）思路

立足"伙伴式理念"，充分考虑90后大学生的群体特点和青年教师的团体需求，灵活依托"外语村"外语学习模拟空间平台，形成三条活动线。从运行互动型"外语仿真"空间、打造趣味性"亲子烘焙"乐园、实施社会化"全媒体"传播着手，开展特色活动。

第一线：运行互动型"外语仿真"空间

以专业特色为背景、各样活动为载体，传播国外特色文化，提高师生外语素养是"外语村"开展活动的主旨之一。以此为指导，"外语村"设有四大活动平台——桌游俱乐部，影视俱乐部，西点俱乐部和村民大学。本年度，"外语村"以"美国开学季""澳洲风情月""英伦风采情"为三大伙伴式活动主题，以四大平台为活动载体，先后举办活动65场，参与活动师生达656人次。

学生报名参与活动后，便成为"外语村村民"，同时可获得20shells作为活动本金（shell为"外语村"村币单位），在活动过程中以参与程度的不同增减本金，并以此为刺激，激发村民在互动式活动中的自主性和积极性。此外，凡参加活动的村民在活动中不得使用中文。一经发现，将被罚款2shells。

活动结束后，洋行将会为每一位参与活动的村民开户，村民可选将村币存入"洋行"或用于"洋店"。"洋店"内设有"外语村"纪念物品、外文书籍以及文具等商品。商品以村币标价，村民可自由消费。所学有所得的活动设置，极大地提高了村民的参与积极性，促进了活动的持久性。

此外，"外语村"更是为参与过活动的656名村民设置个人档案，记录每一位村民在"外语村"的活动足迹。每位村民在"外语村"的活动足迹——包含参与活动、参加志愿服务、捐赠书籍、捐赠基金池等，都会计算为一定的贡献值。在每一学期末，"外语村"将会依据贡献值选拔出学富榜TOP10，为全体师生树立学习榜样。

第二线：打造趣味性"亲子烘焙"乐园

结合当下团工作重点，在加强团员学生联系的同时，更要密切与青年教师的联系。"外语村"依托"外语模拟村落"平台,更多地联系和服务青年教师,特开展特色"亲子活动"。学校教师可以通过预约,组织亲朋好友来"外语村"开展烘焙活动,由学生为老师们提供场地布置、活动组织等帮助工作。这类活动为教师融入学生群体提供了一个突破口,使教师更进一步了解学生,更愿意参与学生活动。目前,外语村已开展"亲子乐园"活动3次,服务青年教师家庭50余组。其新奇有趣的活动形式,紧接需求的活动安排得到了青年教师的一致好评。

第三线:实施社会化"全媒体"传播

"外语村"每周开展精彩丰富的活动,使大众能够及时了解"外语村"活动动态,这是每位师生都有机会参与"外语村"特色活动的前提之一。为此,"外语村"采取线上(微信、e外APP)和线下(海报)两种宣传方式,双管齐下,力求让每一位有需要、热爱语言的师生能即时掌握"外语村"动态。值得一提的是,"外语村"借力外语学院团委开发的e外手机APP推送、报名、统计、评论活动,已取得良好的效果。外语村微信平台以其独特的幽默风格,双语宣传广受师生的喜爱。目前"外语村"的微信关注量已经达到921人次,发送图文信息达155条,平均每期推送阅读量约100人次。

三、项目建设的实施方法与过程

(一)依托校园,组建队伍

"外语村"以全校各学院优秀学生为生力军,借力于学科专业教师和专职辅导员之指导,同时以外教之力辅之,创设了一支梯度分明、视野宽阔、平等互助的复合型团队。凭靠不同专业背景的优秀学生干部为"外语村"活动出谋划策,解决了活动难度梯度的设置,丰富了活动的专业内涵;依赖学科专业教师和专职团干部的针对性指导,把握了活动设置的方向性,提升了活动开展的理念性和先进性;借助于外教的积极参与,营造了跨文化交流环境,提高了学生的参与度。

(二)坚持创新,多元互补

为充分发挥外语模拟空间的作用,提高学生外语综合水平,营造讲外语的良好氛围,满足广大师生的现实需求,实现更高要求的目标,"外语村"秉承

"伙伴式"工作理念,构建复合式"伙伴式"团队,运行互动性"外语仿真"空间,打造趣味性"亲子烘焙"乐园;实施社会化"全媒体"传播,更坚持打造开放式"实践检验"格局,开拓外语类赛事平台和外宾接待平台。

(三)借助媒体,拓新窗口

为进一步推广"外语村"每周精彩活动,让广大师生及时全面了解"外语村"活动动态,特采取线上(微信、e外APP)、线下(海报)两种宣传方式,双管齐下。其中,"外语村"借力外语学院团委开发的e外手机APP推送、报名、统计、评论活动,收到良好效果,增强了团员学生之间的交流互动。

(四)厚积薄发,形成品牌

"外语村"依从欧美校园文化,分设party, club, salon三大类别,对其主题活动进行了丰富、提炼和完善,实现持续化、深入化、品牌化发展:

"玩转Party":依托团员青年大学,结合中西方节日,特别是春节、万圣节、圣诞节、感恩节等开展中西方文化主题外语角活动;

"经典club":借助影视俱乐部、西点俱乐部和桌游俱乐部,从三大方面深入了解欧美国家独特文化,加强跨文化交际意识,提升语言运用能力;

"慧思salon":定期组织多种形式的读书会、分享会,如开展英语诗歌朗诵活动,品味经典;开展经典书目阅读活动等,围绕主题开展交流,迸发智慧,广集思想。

四、项目建设的保障条件

(一)组织领导

选派学科专业教师和专职团干部指导活动开展;
实行外教聘用制度,增强"外语村"的学术性,深化活动层次。

(二)队伍建设

定期对村干部进行实务培训,提升团队整体组织策划能力和创新力;
对全体团员学生实行村民制度,保证活动的参与度和影响力。

(三)资源配备

整合多方资源,通过专项经费投入、资助、赞助等渠道筹措工作经费,为"外语村"发展提供强劲的财力支撑;

通过校友资源，提升"外语村"的硬件设施，加深村内外语学习氛围。

（四）制度建设

进一步完善村民参与和考评机制，提升活动参与度；

定期对村干部进行考核，提高内部先进性和能动性。

品生活　问艺术　知彩虹

——美术学院"彩虹课堂"项目

一、目的和意义

在大学生中实施美育素质教育是近年来我国高等教育改革中的一个重要内容，是培养学生创新精神和实践能力的重要途径，也是推进学生德智体美全面协调发展的重要方式。目前各高校虽然开设了美术选修课，但仍以美术鉴赏和知识讲授为主，带有一定的局限性。而杭州师范大学秉承了百年传统中的艺术精神，提炼了"人文学堂，艺术校园"的办学特色，通过开设通识课程等方式不断提高学生的艺术素养，丰富校园艺术氛围。

在这样的背景下，美术学院为进一步发挥学生的主观能动性，锻炼学生能力，助推学生成长，开设了彩虹课堂。该项目架起了艺术和校园生活的彩虹桥，补充第一课堂，丰富第二课堂，充实杭师大人文学堂艺术校园的氛围；也架起了助推学生成长的彩虹桥。在项目活动中通过志愿者招募、"小先生"授课、学馆负责人制等形式培养学生自我教育、自我管理、自我服务的能力，助推学生成长。

二、创新之处

（一）打破身份，"小先生"制让学生教学生

彩虹课堂的日常管理和课程教授都由学生担任。学生管理团队负责课程的设置，学馆场地的管理，教学物资的采购，学员管理以及后勤保障。师资队伍由一群专业素质过硬、热爱艺术、乐于分享的学生组成。他们组成导师组，共同负责课程的开发并完成授课计划。导师组成员通过自主报名、面试笔试、择优录取的形式层层筛选。并且要经过比较系统的上岗培训后，最后才能出任彩虹课堂的教师一职。为了顺利完成教学任务，导师组成员共同备课，轮流授课，保证教学质量。打破身份，让学生教学生，教得认真，学得也认真，课堂效果非常好。学生的自我教育、自我管理、自我服务能力在过程中也得到了很好的锻炼。另外，艺术专业的学生通过教学过程也再一次巩固了所学知识，一举多得。

（二）突破课堂，线上线下搭配"艺术大餐"

彩虹课堂不再局限在教室这个小小的空间里，而是通过现在学生喜闻乐见的网络形式不断拓展教育的宽度和广度。在常规授课的同时，彩虹课堂利用微信公众号"艺外"进行美术知识的拓展，让更多的人接受艺术的熏陶；通过"彩虹课堂"微信公众号发布信息，反馈信息，记录成长，辐射影响。这种打破传统课堂的方式让更多的学生接近艺术，了解艺术，从而更好地实现美育功能。

（三）订制课程，自助菜单丰富"第二课堂"

彩虹课堂的课程用单元课的形式，按需设课、按需开课，形式灵活。课堂设有固定单元课、循环开课，学员们可以选择持续学习一个单元课程，也可以分时段选择单元课程；可以多门课程同时选择，也可以一次选择一门课程。每个人根据自身的选择形成独一无二的课表。彩虹课堂还可以根据学生素质培养的需求订制课程。如为提高学生干部视图软件操作能力开设软件学习班；为留学生单独开设中国传统艺术选修课等等。

（四）艺益结合，延伸素质教育途径

彩虹课堂通过几年的实践和积累，在培养大学生艺术素养的同时，也将公益元素结合进艺术教育，将艺术和公益结合，在公益活动中培养大学生的责任和奉献意识，延伸素质教育途径。彩虹亭通过对学员作品的展卖募集善款，形成艺术实践和奉献力量的良性循环；贵州洛香支教通过组队实践让大学生感受到艺术传递的快乐和教育助困的意义。

三、活动开展情况

（一）彩虹课堂发展历史

第一阶段：艺术展览。彩虹课堂由美术学院团学组织开展的展览活动演变而来。最早的活动是想契合学校"人文学堂，艺术校园"的办学理念，充分发挥美术学院的专业特色，以美术学院的师生作品展为主体，面向全校非美术专业的学生开设展览，从而提升全校大学生的艺术素养。活动自从2009年开展以来，累计举办了128次，内容涉及书法、设计、雕塑、油画、国画等多种艺术形式，较好地形成了通过观展培养学生艺术素养的氛围。

第二阶段：艺术教育。2011年，美术学院在之前展览文化的基础上，根据高校育人的总目标和总方向，结合学生发展的需求以及艺术教育第二课堂较薄弱的实际情况，酝酿了彩虹课堂。课堂以"品生活 问艺术 知彩虹"为口号，在校园生活区独立拥有50平方米的教学区域和50平方米的展示区域，以学馆授课的形式，通过招募美术专业学生担任"小先生"的方式，开设了编制、扎染、手绘、DIY等十余门课程。近四年来累计授课3240余时，受益学生1500人，形成了良好的品牌效应。

第三阶段：艺术公益。2012年暑期，彩虹课堂在校内热闹开课的同时，由50多名彩虹课堂"小老师"和学员组成的志愿服务队伍走出校门，带上画笔进入了贵州洛香，为贫困山区爱艺术的孩子们带去了丰富多彩的艺术课程，为彩虹课堂采集更多的艺术素材。彩虹课堂实现了一个精彩的延伸：从书本上的文字图片到少数民族地区生动的艺术符号，从课堂内纯粹的教和学从实践中丰富自己的人生。这种奉献式和采风式的艺术实践，让大学生们再一次感受到了艺术的魅力，体会到大学生的光荣使命，也为他们上了一堂最生动的艺术实践课。这项艺术采风和艺术传播活动持续了四年，累计有200多名大学生加入了活动，贵州洛香六所农村小学的千余名孩子受到了艺术熏陶。

至此，彩虹课堂完成了从艺术展览到艺术教育到艺术传播再到艺术公益的过程。图解如下：

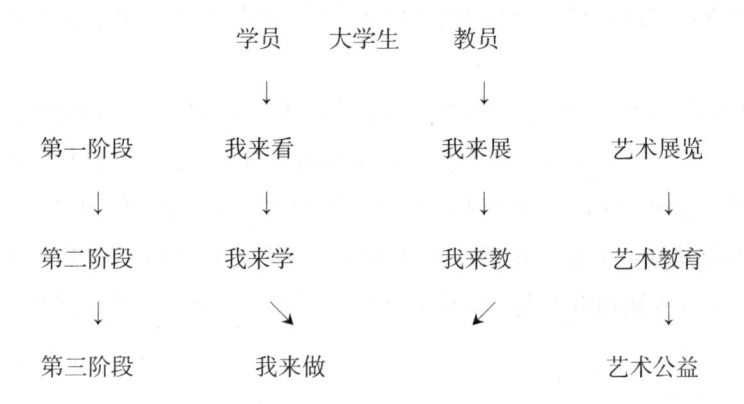

```
           学员      大学生     教员
                      ↓          ↓
第一阶段    我来看    我来展     艺术展览
  ↓          ↓         ↓          ↓
第二阶段    我来学    我来教     艺术教育
  ↓          ↘         ↙          ↓
第三阶段    我来做               艺术公益
```

（二）课程体系

彩虹课堂目前的课程体系由三个部分组成：彩虹学馆、网上彩虹、公益彩虹。

（1）彩虹学馆。彩虹学馆即依托仓前校区学生生活区里"彩虹课堂"的场地，定期开展艺术教学、艺术展示及艺术鉴赏活动。目前，彩虹课堂自主研发开设的课程有10余门。教学场馆、课程内容、课程开设情况详见附件。使学生在彩虹课堂学有所乐、学有所获。尤其是彩虹课堂中的订制课程，能有效解决学生需求和课程开设不匹配的问题，深受广大同学欢迎。2014年，为了提高校内学生组织宣传人员自身素养，优化校内宣传队伍建设，彩虹课堂牵手校职能部门及各学院学生组织，推出学生干部软件培训班。校学生会、校社联、校青协、校大艺团等各校级组织及学院组织宣传部人员100多人参加了学习。2014年始，为了便于留学生系统地学习中国艺术，我们为国教院量身定制了中国传统艺术课程。完成课程的留学生获得2个学分。

（2）网上彩虹。彩虹课堂设立了专属微信公众号，专人维护，定期发布，记录彩虹课堂的点点滴滴。除此以外，彩虹课堂还设立"艺外"微信公众号开展美术知识普及。从不同角度介绍中外名画名作，达到艺术教育的目的。从2015年至今每周坚持推送一期。2016年，彩虹课堂开始着手开设"艺圆课程"。该课程作为彩虹课堂线下课堂的延伸，将打破空间场地的限制，依托网络传播的力量，进一步扩大艺术教育的辐射作用。

（3）公益彩虹。艺术素质教育仅仅是彩虹课堂的一个活动内容。在固定常规课程的同时，我们根据学员和教员的需求，开展了艺术采风活动，并结合艺术采风，完成了对贫困山区小学生的艺术教育公益教育活动，受到了参加者和当地政府的一致好评。2016年，彩虹课堂还将结合课程，在各高校设立"彩虹亭"，对学员作品进行展卖募集善款，用于资助洛香小学的艺术教育活动。

四、活动成效

（一）形成的标志性成果

（1）举办各类艺术展览128场。成功举办各类型艺术展览累计达128场，提升学生的艺术修养。将彩虹课堂成果以展览形式呈现。通过举办小型美术作品展览，让学生先自我评价，教师、同学辅以点评，增加学生文化创意的直观感受。以展览为平台，成功将彩虹课堂教学成果予以转化和巩固，充分发挥了展览文化的育人作用。

（2）建成完善"彩虹课堂"教学基地。学校学院共投资近3万余元，对100平方米的教学场地进行完善，购置了近2万元的课堂用品。重点完善对教学场地的布局及功能的使用，设置了展厅位、宣传栏、教学区等板块，合理规划基地布局，保障彩虹课堂教学的有效开展。

（3）搭建起一支可持续发展的师资队伍和管理团队。"彩虹课堂"由学生担任老师，师资定期从美术学院各专业中选拔并进行培训。课前让小老师们承担场馆设计、课堂教学、组织展览等任务，充分发挥他们的能动性。课后开展自评与互评，讨论教学过程，提高同学们的教学技能与专业能力，师资队伍良性循环。

（4）开创了一套丰富的课程体系。我们每年面向学校非艺术专业学生、留学生群体、校外团体等开设包括扎染、编织、陶艺、摄影、首饰、书法、版画、雕塑、玻璃艺术、软件使用等在内的10门常规课程。定期举办艺术沙龙，邀请校内外各领域艺术家、教师、学生参与艺术文化交流活动，激发普通学生对艺术的兴趣。

（5）完成彩虹课堂衍生品创作。根据彩虹的多彩形象，我们论证设计彰显彩虹课堂特色的LOGO及相关衍生作品，便于品牌推广。在线上线下等多个平台建立自己的发声器，传播艺术。

(6) 带动学生公益创业。依托"彩虹课堂"这一平台，团队核心成员开始公益创业。在线上线下以艺术推广的方式将创作者、作品与市场有机联系在一起，借助创意实训平台，帮助产品创意落地。

(二) 产生的社会影响

(1) 艺术公益，反哺社会贡献力量。艺术修养提升是人文素质提升的重要途径之一，项目使两者有效结合。开设八年以来，通过彩虹艺术支教、彩虹墙绘、彩虹移动课堂、彩虹亲子课堂等志愿者活动将艺术知识由校内扩散至校外，无论是在校园内还是在社会上，都营造了浓郁的艺术氛围，赢得了良好的口碑。

(2) 传播中国传统文化，促进中西方文化交流。发扬中国传统文化是"彩虹课堂"的使命。为此学院积极与国际教育学院开展合作，为留学生开设中国传统艺术学习班，教授留学生中国传统艺术文化，如书法课程、扎染课程等。有效传播了中国传统文化，促进了中西方文化交流。

(3) 艺术传播让艺术走进每一个普通人。我们以展览、授课、创意产品义卖等形式，让艺术走近普通人，让更多热爱艺术的非专业人士更直接地接触生活中隐藏的艺术，让每一位热爱艺术的人都能够真正地了解艺术，打开属于他们自己的艺术世界。

(三) 对大学素质教育的推动作用

(1) 培养学生担当意识，增强责任感和使命感。彩虹课堂的师资队伍和管理团队均来自学生，这赋予了学生极大的责任和压力。课堂呈现的效果、项目的可持续发展都是他们要直接面对和思考的课题。而以学员课程作品举办的展览，不仅是对学员学习成果的检验和肯定，更是"彩虹课堂"对外的展示，是其扩大校园艺术品牌影响力的新延续。因此它赋予了"彩虹课堂"所有小老师和学员更多的责任和担当。

(2) 鼓励学生投身公益，锻造一颗积极奉献的心。我们所倡导和推动的第二课堂艺术学习活动，是一种集艺术学习、志愿服务、组织工作等的综合性、立体式的公益活动。通过基地的运行，鼓励学生积极投身公益活动，用专业服务社会，用艺术奉献爱心。

(3) 提高学生教学水平和专业技能。艺术在推进校园文化建设、营造健康向上的文化校园氛围、打造良好的育人环境等方面起着不可替代的作用。而由学生做主导，在艺术推广中通过志愿者招募、"小先生"授课、学馆负责人制等形式培养学生自我教育、自我管理、自我服务的能力，助推了学生成长。在授课、备课的过程中，学生的教学水平得以提高，专业水平也在实践中得到检验，得到提升。

（4）提升大学生综合素养，陶冶学生情操。艺术可以借助各种合力，促进学生全面发展，既可以通过其自身的诱发作用和感染力，培养学生正确的人生观、世界观和价值观；又可以通过艺术内力的合成，培养学生的形象思维和逻辑思维能力，进而促进学生综合素质的全面提高；还可以通过愉快、轻松的艺术形式来改变和调节人的情绪状态，使人从艺术作品中得到情感的抒发；更可以通过艺术教育提高学生的审美能力，使学生的性情得到陶冶，思想得到交流，思维和创新能力得到提高，加深其对文化的理解。该项目将工艺课堂和工艺展览与思政教育相结合，全面促进学生成长成才。

五、彩虹课堂保障措施

（1）场地保障。目前彩虹课堂在仓前校区拥有100余平方米场地，古荡湾校区有八个创意工作坊，同时彩虹课堂长期合作的企业、艺术馆可以为基地建设提供足够的场地支持。

（2）资金保障。本着"学校下拨、学院筹集、企业赞助"的模式，筹集移动艺术课堂馆资金，用于基地建设的各种开支。目前，学校学院保证每年支出2万元作为彩虹课堂专项经费，保证彩虹课堂的正常运行。同时团队拥有自己的公益众筹平台，所开设课程优秀学员的优秀艺术创意作品，通过线上平台销售、线下格子铺售卖，将获得的公益基金投入彩虹课堂运作中去，一方面在扩大品牌知名度的同时也为彩虹课堂这一品牌传播更为多元化，传播视角更为生活化，传播形式更为灵活。

（3）课程保障。思政教育的第二课堂离不开第一课堂的支持，尤其是彩虹课堂建设承担提升学生人文素质的重任，更需要与日常的艺术教育相结合。美术学院绘画、综合艺术、装饰艺术等专业，是基地开展各种活动并取得成功的重要保证。

六、未来规划

第一阶段（2016年）：完善校内彩虹课堂基地、校内基地课程制度、课堂制度及学员制度。制定规范课程化体系，完善师资力量，提高课程质量，更新改造线上微信公众平台。

第二阶段（2017年）：开拓校外基地，开设格子铺创意商铺，增设创意公益基金。增加彩虹课堂益论坛网站的初步创建，主打线上购买、线上交流、网络社区三大功能，将售卖所得纳入创意基金，为开展校外以及与社会机构合作的公益艺术活动提供资金支持。继续开展支教活动，让山区孩子感知艺术。

第三阶段（2017—2018年）：网站搭建逐步完善，创意格子铺逐步走向规范化，公益艺术课堂在原有的基础上更为完善。继续向校外开拓公益艺术基地。

交流 沟通 分享 启迪
——校图书馆"真人图书馆"项目

一、本项目基本情况

（1）项目的背景意义。真人图书馆（Living Library），是近几年出现的一种图书馆服务的创新方法，出借的不是常规的书籍，而由"人"担任"书"，读者可以与这些"出借的人"进行直接交流，来获取想要的信息。Living Library 的概念起源于丹麦 5 位年轻人创立的"停止暴力组织"。2000 年该组织受到丹麦罗斯基德音乐节邀请，举办了主题为"互相理解"的活动，活动期间，向外借出 75 本"living books"，采用对话方式让真人图书与来宾进行面对面的交流。这种独特的、人与人之间直接交流、沟通的服务方式，具有强大的生命力和感召力，诞生后首先在欧洲传播，之后逐渐被引入大洋洲、北美洲、南美洲和亚洲。真人图书馆倡导通过对话增进人与人之间的宽容和理解，对社会的多样化和谐发展具有积极的促进作用。

（2）建设现状。2008 年，美籍华裔图书馆学家曾蕾教授把 Living Library 的服务理念带到中国。同年国内首次 Living Library 活动——上海交通大学图书馆承办的"2008 数字图书馆前沿问题高级研讨班"在上海举行。2009 年 3 月开始，上海交通大学图书馆举办了多期 Living Library 活动，其服务理念是："以人为书，分享智慧，交大薪火，传承你我。"2009 年 3 月，石家庄学院图书馆在全院开展了 Living Library 活动，活动以"交流读书心得，分享人生经验"为主题。2009 年 5 月，Living Library 登陆上海同济大学图书馆举办的第五届读者服务月，活动的题目是："同舟共济，分享新知"Living Library 阅读活动。随后，一些高校图书馆、公共图书馆、私人图书馆、咖啡馆、企业等也纷纷开展"真人图书"的借阅活动，取得了很好的成效。真人图书馆在不断发展中逐渐形成了自己的特色，读者和真人图书之间的阅读是相互的，真人图书比传统图书更具有开放性。真人图书馆这一新型的服务模式，不但对图书馆的发展具有积极的推动作用，而且对于增加信任、消除偏见、增强社会凝聚力和构建和谐社会也有强大的促进作用，在我国具有十分广阔的应用前景。

2013年4月开始，本着"交流、沟通、分享和启迪"的理念，杭师大图书馆与理学院学生支部一起合作在下沙校区举办"真人图书馆"活动，"真人图书"由在某领域有突出表现的学生担任。2014年又与校研究生会合作在仓前校区开展活动，邀请了何俊、袁成毅、陈星、赵志毅、王忻、陶水木等校内名师与同学交流。通过真人图书馆项目，以期为师生们搭建一个宽松、灵动的交流平台，在交流中激撞思想的火花，感悟人生的别样色彩。目前，真人图书馆活动已经举办21期，共计26本真人图书外借，近500人参加阅读。

开展该项目的优势条件。第一，功能的契合度。图书馆是校园文化传承中心和交流中心，真人图书馆活动与图书馆的功能定位都非常契合。将通过"真人图书馆"活动挖掘与杭师大有关的人和事，并以图片、文字、视频等方式进行保存和二次传播。第二，馆藏丰富。图书馆可以邀请各个专业的专家、教授、学者作为真人图书，他们与学生平等分享自己的学业、就业、事业和人生经历，也可以吸引优秀学生担任真人图书，他们可以将自己在学业和就业上的经历和经验与读者分享，解决学生遇到的但很难在书本上找到答案的问题。同时还可配合真人图书馆活动推出相关的图书展览、电影展播等活动。第三，阅读环境优越。图书馆有开展真人图书馆活动的场地和良好的阅读氛围和浓郁的书香气息。第四，信息传播渠道畅通。真人图书馆信息可以通过网页、微博和微信进行传播，现有的微博粉丝数近万，微信的关注度持续增高，并通过与学生社团合作第一时间在学生群发布。第五，经验丰富。自从2004年开始图书馆每年举办读书节，开设"博雅讲坛"，有举办活动的丰富经验，可以较好掌控活动流程等各方面。

二、本项目建设的目标与思路

1. 建设目标

通过与"真人图书"就为人、求知、治学、修身等方面的交流,可以让读者在阅读到书本中的显性知识之余,通过直接的对话交流阅读真人图书身上的隐性知识——观念、精神、智慧,这是一种较阅读图书更为不易获取的知识,并对读者产生更直接和强烈的影响,对其人文修养的提升起到促进作用,启发生活的智慧。同时,通过真人图书馆的建设,将实现"以书为中心"向"以读者为中心"的服务模式的转变;加大图书馆"文化交流中心"和"校园文化传承中心"的作用。通过真人图书馆活动,进一步配合校园文化建设,与"点赞师大人"等形成合力,强化互动阅读,发挥典型人物的感染作用。

2. 建设思路

(1)"品牌"聚力,持续推广。将"真人图书馆"项目打造为图书馆的品牌项目之一,突出"聆听真人故事,体验多彩人生"的活动主旨,形成特色活动项目。并在校园文化建设下,与宣传部"点赞师大人"品牌结合,推广以真人图书为主的"悦读师大人"系列项目。

(2)明确和完善管理体系和项目规范。真人图书馆项目团队由分管领导、负责阅读推广的文献服务部专人、学生合作团队成员等组成。在工作机制上,分工明确。设计评价体系,读者可在微博、微信等新媒体平台和活动现场等提交活动反馈和评价。在未来的发展中,真人图书馆项目将进一步与其他院系加强联系,挖掘更多有代表性和共鸣的真人图书,并优化活动流程,提高参与度和师生积极性。

(3)掌控项目应用和开展。做好环境、真人图书、读者三个要素的建设和维护:累积真人图书资源库,有主题地选择上架真人图书;与参加真人图书阅读的读者建立渠道,有针对性地发布项目最新信息;搭建舒适、开放、宽松的阅读和交流环境,鼓励沟通。在下一步发展中,加大真人图书馆应用,如可将真人图书馆项目应用到"阅读疗法"等方面。

(4)推广虚拟平台。在图书馆官网上搭建有"真人图书馆"网站(http://172.31.216.79/zrtsg/),公布"新书通报"和"往期回顾""精彩瞬间"

及推荐真人图书等。在微信公众号菜单内,也对此网站做了导航。在积累一定经验之后,将对真人图书馆项目活动进行组稿、录像等,建立视频资源库等,进一步推广真人图书影响力。

三、本项目建设的实施方法与过程

根据图书馆组成的要素学分析,真人图书馆也是一个由信息资源(真人图书)、读者、设备建筑环境和工作方法组成的有机体。

(1)借力于学生团队。真人图书馆活动,在下沙校区由图书馆与理学院学生支部合作共建,理学院同学负责招募真人图书、活动的协调举办等;仓前真人图书馆活动,图书馆又与研究生会合作,由研究生会负责宣传推广。通过与学生组织的合作,提高真人图书馆活动在师生中的影响力,发挥同学的积极性和创造力。

(2)装饰阅览环境。真人图书馆的活动场所基本固定,并打造温馨和便于交流的阅览环境。下沙图书馆9楼的真人图书馆活动场所内张贴真人图书馆的起源、历次活动照片等。仓前真人图书馆活动会配置茶水、点心,营造舒适、自由、宽松的环境。

(3)上架真人图书。真人图书的来源主要通过主动邀请和自愿报名两个途径,担任真人图书的有校内名师、在校优秀学生或校友及部分社会人士。对于真人图书的选择,基于平时的观察和留意,选择有影响力、有故事或在某一领域有特别表现经历的师生。并基于主题活动针对性地上架真人图书。

(4)读者参与。读者以自主预约报名参与为主。通过海报、网站和新媒体平台通知、同学群发布信息等方式获取活动资讯。

(5)现场活动和反馈。现场活动1.5小时左右,以提问、交流等为主。活动结束后完成反馈评价表。

打造青马工程阵地　培育北辰计划精英

——校学生会"北辰计划"学生精英干部培训项目

一、项目基本概况

（1）现实意义。杭州师范大学"北辰计划"学生精英干部培训班是杭州师范大学学生会承办的面向全校学生干部的学生精英骨干培训班。"北辰计划"旨在通过理论培训提高学生干部的文案撰写等能力，并结合校情、时事热点开展学生干部交流会，增强学生干部的组织协调能力、大局意识、责任意识、服务意识以及创新意识，以此推进学生干部综合素质的稳定发展，为学生组织培养坚实的后备力量。

（2）建设现状。杭州师范大学"北辰计划"学生精英干部培训班自2010年开办以来，每年一期，已成功举办五期，2013年因校区搬迁停办。每期"北辰计划"都会评选出在本期培训中表现优异的学员授予"优秀学员"称号并颁发证书。五年时间，从"北辰计划"学生精英干部培训班顺利毕业的学生干部都以更加优秀的姿态、更加务实的意识、更加真诚的态度活跃于我校各大学生组织团体，积极服务于广大的学生群体，作为一名优秀学生精英干部发挥着重要作用。

（3）优势条件。①朋辈资源丰富。每期"北辰计划"学生精英干部培训班都会邀请到在学生工作方面有独到见解和丰富经验的嘉宾前来讲座，分享心得体会，例如学校相关方面领导、往届校学生会主席、各高校学生会负责人等。②覆盖面广。"北辰计划"培训对象包括全体校学生会成员、校研究生会主要干部、各学院学生会主要干部、各主要校级组织干部（校社联、校青协、大艺团、校科协、全媒体中心、校国旗队)以及子渊人才学院当期全体学员,基本涵盖了全校团学工作各条各线的人员。③结合实际,与时俱进。每期"北辰计划"的相关课程都会结合当下时代热点、学校重点工作进行安排,从而更好地促进学生干部关注时政,更好地通过今后的学生工作来助推学校的发展。以第五期为例,重点安排校第二次党代会会议精神分享报告、全国学联二十六大会议精神分享报告两项课程,答辩设置"节约型校园建设"、阳光校务等相关题目。

二、项目建设的目标与思路

"北辰计划"作为我校"青年马克思主义者培养工程"的载体之一,充分利用校内外团学资源,以培养具有一定基本素质、创新意识和责任担当的团学干部为目标,以此推进学生干部综合素质的稳定发展,为学生组织培养坚实的后备力量。将"北辰计划"打造成为杭师大学生组织的品牌项目,在建设过程中加强思想引领工作,完善组织活动工作,检查落实总结工作。在这些工作的开展过程中,使学生干部个人的观察问题、分析问题、解决问题的能力,组织、管理、决策的能力,语言、交往、公关的能力,以及克服困难、战胜挫折的能力都潜移默化地得到了锻炼和提高。另外,在北辰计划开展期间,逐步组织学员与同学、老师一起策划、筹备、组织学生活动,以培养自己的团队精神、大局观念和协作意识,通过采用一定的组织形式和方法,影响、带领和协调广大学生为实现学校育人目标而进行的社会活动将学生会的素质拓展活动与北辰计划相结合,形成一个完整联动的体系,使得有学生工作经历的学生融入社会,找准定位的适应期大大缩短,继而助于学生干部快速成长成才。

在完善北辰计划的同时,校学生会将形成的学生干部队伍建设的几个重要着力点,主要包括高校学生干部队伍的工作意识建设、思想政治建设、能力建设和班级建设四个方面。

由于学生干部队伍不断壮大,成员之间具有差异性,每一个学生干部的能力素质以及所掌控或可能掌控的社会资源是不同的,而学生干部之间的互动,以北辰计划为媒介,严格选拔与大胆使用、教育培训与实践锻炼、普遍建设与重点建设、组织培养与自我教育等相互结合,积极探索和完善整体化建设的方法、分层次建设的方法、梯队建设的方法和阵地建设的方法,增强学生干部队伍建设的时代性、有效性和发展性。另外，学生干部在北辰计划小组具体的实践中，会有机会接触到校外校内各个层面的人员，一方面他们可以在与这些人的互动中丰富的人生经验。

三、项目建设的实施方法与过程

杭州师范大学"北辰计划"学生精英干部培训班由课堂授课和成果展示两部分组成。每期"北辰计划"学生精英干部培训班都会邀请到在学生工作方面有独到见解和丰富经验的嘉宾前来讲座，分享心得体会。在课堂理论学习之外，成果展示成为第四期"北辰计划"学生干部精英培训班自成立以来独具创新意义的内容。一系列关于课堂理论学习的成果展示，反映了学员对于授课内容的心得体会，同时设置的答辩环节，培养了学生干部的团队意识，增强了学生组织的团队凝聚力，为日后各项工作的展开奠定了坚实基础。

四、本项目建设的保障条件

杭州师范大学"北辰计划"学生精英干部培训班是校学生会主办的面向全校学生干部的学生精英骨干培训班。每期"北辰"皆设立专项工作组，由团委书记、团委副书记、校学生会秘书长组成筹委会，负责总指挥；校学生会主席担任执行组总组长；校学生会副主席担任各分工作组组长。建立完善的指导体系，确保"北辰计划"井然有序地开展。

"北辰计划"现已成功举办多期，拥有多届学员与朋辈资源。每期"北辰计划"学生精英干部培训班都会制作学员手册，并邀请到在学生工作方面有独到见解和丰富经验的嘉宾前来讲座，分享心得体会，例如学校相关方面领导老师、往届校学生会主席、各高校学生会负责人等。

发展至今，"北辰计划"拥有完善的筹备体系，设有总则、考勤、教学、考评、奖罚、结业六大管理条例，确保培训班的有序开展，辅助学员的成长成才。

为青年 再向前

——沈钧儒法学院青年学生领导力发展计划

一、项目创新的背景与目标

在全球化进程中，培养团员青年领导力，树立团员青年勇于创新、敢于合作的意识，是当代团员青年们值得共同探讨的话题。领导力（leadership），是一种个人的素质、品质，是一种特殊的人际影响力。每一个人都有潜在的领导力，无论是在家庭、学校、企业还是社会，我们可以在各个层次、各个领域发挥自己的领导力，去领导自己，去影响他人。自20世纪90年代以来，诸多关注视角投向了高校大学生领导力的发展。在过去的15年中，针对青年学生领导力发展这一议题，已形成了多种研究趋势共存并趋于整合。例如，志愿者服务、服务性学习及公民参与运动；高校大学生新型领导力模型的发展；高校学生领导力教育者角色的专业化等。国外高校对在校大学生领导力的培养与研究正逐步趋于机构化、社会化、指令化。关于青年学生领导力的协会、会议及相关资料不断涌现，比如国际领导力协会（International Leadership Association，ILA）、领导力计划国家信息交换中心（National Clearinghouse for Leadership Programs，NCLP）、领导力教育者协会（the Association of Leadership Educators，ALE）及国家领导力论坛（the National Leadership Symposium）等等。国内关于青年学生领导力的培养计划、课程及会议也逐步走入公众的视野。例如，2008年BOCOO青年领导力发展峰会在北京召开，AIESEC中国分会（如北京大学、清华大学、浙江大学等）的青年领导力项目的开展，中央团校·中国青年政治学院学生社团团友会会刊——《青年领导力》的创刊，以上所述，表明广大高校青年团员的领导力培养正逐渐受到重视,国际化的趋势也日益明显,但由于起步晚、基础弱,现有领导力培养计划的受惠面也仅限于国内211及985高校,国内高校青年团员领导力的发展与培养还有很长的路要走。

基于以上关于领导力培养项目的发展背景,法学院团委希望通过借鉴已有领导力培养与研究的成果,结合学院广大团员青年的实际,摸索出一套适合法学院团员青年领导力发展的具有系统性、发展性、创新性的培训计划。我们将这一项目命名为"法学院青年学生领导力发展计划"(Leadership Development Program for youth students of Law School,LDP项目),将在2010—2011学年第二学期正式启动,期望通过LDP项目达到培养广大团员的个体价值观(自我意识、思维及言行一致性、个体承诺)、群体价值观(合作性、共同目标及以礼博学)及社会价值观(社会责任感)之目的。

二、项目创建思路

(一)项目实施对象

LDP项目将面向法学院所有团员青年,包括本科生、研究生,特别是那些注重锻炼自身社会生存能力和领导力,并且不断锐意进取、努力寻找自身发展机会的学生。

(二)项目创建过程

1. 创建流程

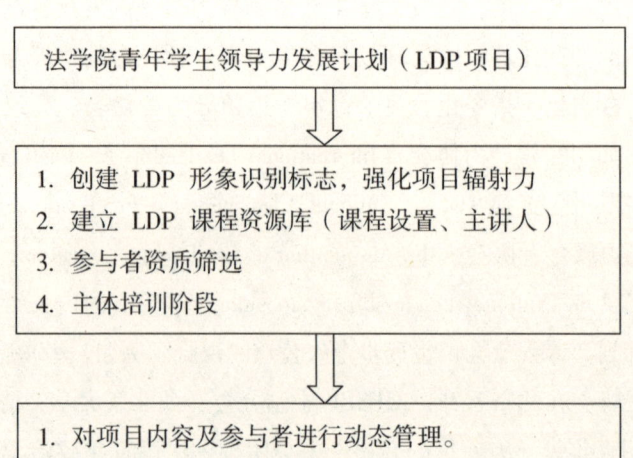

```
┌─────────────────────────────────────┐
│ 法学院青年学生领导力发展计划(LDP项目)│
└─────────────────────────────────────┘
                  ⇩
┌─────────────────────────────────────┐
│ 1. 创建 LDP 形象识别标志,强化项目辐射力 │
│ 2. 建立 LDP 课程资源库(课程设置、主讲人)│
│ 3. 参与者资质筛选                     │
│ 4. 主体培训阶段                       │
└─────────────────────────────────────┘
                  ⇩
┌─────────────────────────────────────┐
│ 1. 对项目内容及参与者进行动态管理。    │
│ 2. 对 LDP 项目参与者考核认证          │
└─────────────────────────────────────┘
```

2. LDP 项目形象识别标志

标志说明：
1. 主色调为蓝色，象征自由与梦想。
2. 一手摘星的姿势及下面"Inspire to success"意味着青年不断前行，追求卓越的精神。
3. 英文字母LDP是"Leadership Development Program"项目的缩写，即"领导力发展计划"。

3. LDP 课程资源库

（1）**课程设置**。基于LDP项目目标及培训主体特点，并结合学院实际，设置以下培训课程：

学生领导力发展计划（Student Leadership Development Program）	
课程模块一 Course Code 课程编码（CC01）	
"基于组织行为学的团队建设"课程（共6节）	
CC011	团队动力学
CC012	团队与组织中的沟通
CC013	冲突管理
CC014	组织中的领导力
CC015	组织结构
CC016	组织变革
课程模块二 Course Code 课程编码（CC02）	
体验式学习课程（共3节）	
CC021	历险挑战日营——全日户外训练：内容包括团队建立，推动团队合作精神，将信念及经验应用于学会的领导工作。
CC022	计划书撰写及汇报比赛——教授计划书撰写技巧，学员需分组撰写计划书，并做出汇报；汇报以比赛形式进行。
CC023	专题研习及汇报比赛——教授专题研习技巧，学员需分组进行专题研习，并提交报告及做出汇报；设立「专题研习比赛」。
课程模块三 Course Code 课程编码（CC03）	
议政工作坊课程（共4节）	

续表

CC031	议政原则：多角度思考、理性探究、建设性讨论
CC032	社会问题探究与社会政策分析
CC033	公众演说技巧
CC034	议政辩论技巧
课程模块四 Course Code 课程编码（CC04）	
智仁律师事务所"青年领袖教室2011"课程（共2节）	
CC041	资深律师与你谈领导力——"法律·社会责任·领导力"
CC042	青年律师与你谈领导力——"律师职业·大学·领导力"

（2）主讲人。LDP项目课程主讲人届时将邀请相关领域的教师及法务人士参与到本项目的培训课程中。例如，课程模块二将邀请专业的素质拓展师，课程模块四将邀请专业的法务人士展开系列讨论。

4. 参与者资质筛选

LDP项目参与者需经过事先资质筛选，在经过个人申请表格筛选、小组测评与一轮个人面试后，即可顺利成为LDP项目中的一员。

5. 参与主体培训方法

LDP项目开展时间为学期制，主要的项目培训方法为讲课、互动活动、个案分析、小区考察、小组讨论、专题研习、体验活动、专题汇报、经验分享、自我反思、历奇活动体验营等，突出项目互动性及"以学生为主"的项目培训理念。

6. LDP项目动态管理

（1）采用课程评价机制。一是对反响层进行评价。届时LDP项目组将评价学员对主讲人、培训项目、培训环境的反响。其目的在于项目组及时了解青年学员对有关环节或整个培训项目的真实感受，听取他们的意见以补偿培训任务中的不足，不时改良培训任务。二是对学习层进行评价。主要是评价学员把握的知识，课程内容评价方式将依据课程特点，采取书面开闭卷考试、案例分析、个人陈述、角色扮演等多种评价方式。LDP将重点考察青年学员在项目研讨上的表现，项目研讨是若干学员在培训时期组成一组，应用所学的实际知识和技艺，展现领导力实践效果。项目研讨效果可从项目选题、实际水平、可操作性、创新、写作质量和争辩表现等几个方面进行评价。

（2）采用课程认证体系。LDP项目参与者必须在完成四个课程模块学习后，通过相应的课程考核（考核形式如出勤率、课程体验报告、个人陈述表现评价等），才能获取由院团委颁发的LDP项目认证书。

三、创新点体现与学生参与面

（一）创新点体现

LDP项目培训课程经精心设计，紧贴时代脉搏，并配合21世纪的发展需要，内容理论与实务并重，既富前瞻性，亦讲求实用与适切性。学习的模式全面而多元化，包括有助开阔视野的专题演讲、提升领导技巧的工作坊、提升自信及团队精神的历奇训练等，该项目创新点主要体现在以下几个方面：

（1）所选取项目具有国际视野性。基于项目创新背景所述，关于青年领导力发展的研究与培训起源于国外，经过二十多年的发展，国内关于如何有效提升青年团员领导力的共青团工作也日益提上议程。LDP项目的创建正是迎合了这样的发展趋势，在结合共青团工作实际的同时，积极吸取国外的先进理念，开阔共青团工作的国际视野。

（2）打破常规学生干部培训体系。从高校共青团工作看，高校共青团组织已将领导力培养列入大学生素质拓展计划、学生干部骨干的培养计划，但我们在具体操作过程中往往把组织几次与"提升领导力"相关的讲座、素拓活动就了事。诚然，领导力的提升是一项需要系统规划、科学管理的项目，法学院团委推出的LDP项目正力图克服上述不足，提升培训项目的科学性、系统性及时效性。

（3）融入系统性的课程培训内容。国内已有高校将领导课程教育整合到了通识教育中去，如清华大学成立了领导力研究开发中心并开设了《领导科学》《创业领导力》《大学生心理训练与潜能开发》《大学生人际交往训练》《社会工作案例研讨课》等领导力开发的基础教育课程。鉴于LDP项目开展时间以学期为单位，短时间内无法把多门与领导力相关的课程统统纳入LDP项目中来，于是我们将系统性的课程培训内容聚焦到了《组织行为学》上，选取理由是由于该课程探讨个体、群体以及结构对组织内部行为的影响，以便应用这些知识来改善组织的有效性,其阐述内容已大部分涵盖了领导力所涉及的范畴,届时LDP项目将选取该课程中与领导力提升紧密相关的内容,并结合高校青年团员的实际,安排相应课程内容,克服以往课程内容随意拼凑,缺乏权威性的不足。

(4)整合校内外资源提升领导力。LDP项目从法学院青年学生的专业特点出发,探求法学青年领导力特征,充分挖掘校外资源,联合智仁律师事务所,届时将会邀请资深律师及刚入行的青年律师作为LDP项目中课程模块四"青年领袖教室2011"系列主讲人,就"法律·社会责任·领导力"这一议题展开相关的项目讨论。这也将成为LDP项目中的一大亮点。

(二)学生参与面

LDP项目将面向学院全体青年团员,通过选拔、面试,每一期LDP培训将招收30—40名青年学员,希望其通过系统培训后,能影响周围更多的青年团员关注自身领导力的发展,同时也希望更多优秀的青年团员参与到这个项目中来。

四、实施成效与创新展望

(一)实施成效展望

LDP项目的预期实施成效主要体现在:青年团员自身领导行为的改变、提升领导有效性的行动计划;发展具有卓越领导才能学生的创造力、思考、组织和解决问题的能力;提升自身沟通及领导等方面的技巧,培养积极的学习态度和价值观,借此促进其个人及社交能力的发展;透过参与服务及交流活动,让他们发挥领导才能、深入认识国家和社会文化;加强他们对社会的承担感及为社会做出贡献的使命感。

(二)创新展望

LDP项目启动之后,将从以下两方面进行不断创新:一是课程内容的创新,每学期的LDP项目课程内容将做适当的调整以适应广大青年学生领导力发展的不同需求;二是对LDP整个项目的评价采取课题研究式的方式,以做课题的形式对项目进行管理,真正把这个项目打造成实效性强、科学性强的品牌。

健全 12346 机制　培育新时期青年马克思主义者

——校子渊人才学院建设项目

实施"青年马克思主义者培养工程",在广大青年学生中着力培养造就一大批用马克思主义中国化的最新成果武装的马克思主义者,是高校共青团组织的首要政治任务,是高校人才培养的第一要务,更是我校建设一流综合性大学的有机组成部分,具有重大而深远的意义。

一、背景与思路

1. "青马工程"实施的背景

随着改革开放和社会主义市场经济的深入发展,我国的经济体制、社会结构、利益格局和社会思想观念正在经历深刻的变化。在各种思想文化相互激荡的环境中,广大青年学生思想活动的自主性、选择性、多变性、差异性明显增强。在高校校园生活中,大学生骨干和共青团干部是广大青年学生中思想最先进、创新意识最强、综合素质最优秀的学生精英。他们的一言一行在日常工作与学习中极具领导力、号召力和感染力,如果言行不当,就会在广大青年学生思想动态中引发大问题。他们同样是今后社会发展的中流砥柱,是中国特色社会主义事业发展的重要建设者和接班人。

在党的十六届六中全会上,胡锦涛同志明确提出:"要从赢得青年、赢得未来的高度,抓好大学生的理论学习,深入推进马克思主义中国化的最新成果进教材、进课堂、进头脑工作,让青年知识分子了解和相信党的理论,在广大青年中培养一大批坚定的马克思主义者。"2006 年 6 月,胡锦涛同志就学生干部培养工作作出重要批示,指出:"重视并加强对学生干部的培训和实践锻炼是一件有深远意义的事情，要注意总结各地行之有效的经验，引导一大批优秀学生干部健康成长。"

为贯彻落实胡锦涛同志等的重要指示精神，在广大青年中培养造就一大批用马克思主义中国化最新成果武装的马克思主义者，帮助他们坚定跟党走中国特色社会主义道路的理想信念，团中央于2007年5月启动了"青年马克思主义者培养工程"。我校根据团中央关于实施"青年马克思主义者培养工程"的有关精神，于2007年10月启动了"青年马克思主义者培养工程"，于2008年11月成立了杭州师范大学子渊人才学院。

2. 我校"青马工程"实施的理念与思路

我校共青团组织通过开展青年马克思主义者培养工程，探索出一条具有我校特色的"高等教育大众化下的精英培养之路"，坚持在实践中建立并完善"1个目标、2个体系、3个层次、4个模式、6个平台"的长效培养机制。一是紧密围绕培养具有国际视野、博雅气质、卓越素质、率先垂范、勇于担当的青年学生领袖和精英的目标；二是建立校、院两级培养体系；三是形成子渊人才学院——学生精英培训班、北辰计划——学生骨干培训班、业余团校——学生团干部培训班等三个层次的培训阵地；四是采用导师制教学、模块式教学、开放式教学和分组协作式学习四类教学模式；五是建立理论辅导、导师结对、素质拓展、同伴教育、子渊学堂和社会实践六大教育平台。以科学发展观为指导，建立健全长效培养机制，着力提升大学生骨干的信念、品格、视野和能力，培养并造就一批用马克思主义中国化的最新成果武装的青年马克思主义者和中国特色社会主义事业的合格建设者和可靠接班人。

二、实施与保障

1. 子渊人才学院基本情况

（1）健全组织领导体系和工作格局。学校党委书记、校长高度重视子渊人才学院，都担任学院顾问，并定期面向全体学员作报告。学院由党委副书记担任名誉院长，校团委书记、副书记担任院长和副院长，另设班主任、班主任助理等。通过学员竞选成立班委会，设立班长、团支书、班务中心主任、导师联络中心主任、素质拓展中心主任和新闻宣传中心主任的班委工作格局。各学院团委也根据学院实际情况陆续建立相关的人才学院。如钱江学院成立了"星空计划人才培训班"。

（2）明确培养对象及培养年限。我校子渊人才学院目前已举办了9期，共300余人开展为期一年的集中培训和跟踪培养，他们都是各级各类团学干部、学生社团干部、学生党员和入党积极分子、理论学习骨干及在学术科技、文化体育、人文艺术等方面成绩突出的优秀学生。学习年限一般为一年，分三个学期，6月到9月为第一学期，9月到第二年的1月为第二学期，第二年的2月到5月为第三学期。

（3）构建有效的管理制度。学院实行严格的学分制管理，按照《杭州师范大学子渊人才学院考核条例》定期对学员进行考核，由人才学院班委会提出评审意见，报学院审查批准，并把考核意见反馈到学校团委。学员达到一定学分方可结业，否则取消学员资格，予以淘汰。学员毕业后，将获得由共青团杭州师范大学委员会、杭州师范大学子渊人才学院联合颁发的结业证书，考核优秀学员将获得"优秀学员"称号。在人才学院培养期间的学员，凡有考试不及格、受学校及院系处分、无故缺勤5次（含5次）以上，将被直接退出学院。

（4）构建特色鲜明的学院文化，强化组织建设。一是设计寓意深刻的院徽。院徽整体是青铜色大钟，是中国统治阶级权威的象征，代表了子渊人才学院培养的是未来中国各领域的领袖和专家。钟的上半部是一个"人"字，代表人才学院以人为本、因材施教、注重人格教育的办学理念。下半部是一个"子"字，代表人才学院能培养出志存高远、知识渊博和有梦想、有激情、有社会责任感的新一代优秀学子。二是凝练培养口号。人才学院的办学理念是"以思想引领思想、以创新启发创新、以优秀激励优秀"，强调人才学院更加注重自我教育、同伴教育、创新教育，更加注重榜样垂范、辐射全体、勇于担当。

2. 采用四类教学模式

（1）导师制教学。采取导师和学员双向自主选择，学院鼓励学员和导师进行面对面的交流和讨论，注重学员某一方面能力的凸显和综合素质的提高。

（2）模块式教学。集中开展相关的理论知识、实践经验、操作技能以及活动方式、方法、方案的同步式一体化的教与学，以实现具体能力和素质的培养。

（3）开放式教学。突破传统课堂教学模式，实现导师由传教者向指导者的角色转换，实现学习空间的开放、学习内容的开放、学习方式的开放，培养具有主动探索和创新的精神。

（4）分组协作式学习。采取学员分组协作学习，小组成员相互之间进行沟通和交流，共享学习信息，共同完成学习任务，旨在提高学员的综合素质。

3. 依托六大教育平台

（1）理论辅导。每年组织大学生骨干进行不少于两周的集中理论学习。邀请专家学者、党政官员、企业家等为学生讲授马克思主义中国化的最新成果，举办形势报告会，分析社会热点问题，创新创业教育，提高大学生骨干的理论素养和辨析能力。如省教育厅副厅长鲍学军、中国青基会副理事长陈越光、国家一级演员吕薇、复旦大学中文系教授傅杰等社会知名人士辅导报告达30余场，围绕青年学生成长成才等话题开展讲座，鞭策学员，鼓励学员，为学员传授青年成长之道，提高学员理论素养和辨析能力。

（2）导师结对。学院成立学生骨干导师团，建立导师库，实行导师全面参与制。如原杭州团市委书记黄海峰、周扬、原杭州财政局局长陈锦梅、德玛商业投资发展有限公司董事长邵敬之等30余人被聘为导师，对结对学员进行人生导航，给予工作、学习的方式、方法、技术等具体指导；通过导师搭建平台，使学生担任结对导师的工作助理。如举行师生迎新春团拜会，促进师生交流。

（3）素质拓展。组织各类素质拓展训练，举行"唇枪舌剑"——即兴演讲、"声临其境"辩论赛，锻炼了学员在短时间内的语言组织能力；走访我校共建单位——73023部队，体验军旅生活；参观上海世博园，领略世界各国的文化特色；组织学员与浙江大学、南京大学、南京师范大学等国内外一流高校以及马来西亚宗乡青年考察团、日本青年友好考察团、韩国丽水青年访问团等开展交流，帮助大学生骨干开阔视野，增长见识，提高对外交往能力。

（4）同伴教育。借鉴国际青少年青春健康同伴教育的方法，采用社会工作的PLA理念，如小组讨论、游戏等互动性强、参与性广的方式进行培训，侧重于讨论态度和技能的培训。

（5）子渊讲堂。要求每位学员结合党的十七大精神、科学发展观及自身兴趣、个人经历等，确定一个人文科学类题目，在导师指导下开展研究，完成一份研究报告和作演讲报告。如"大学生蚁族""志愿者服务""学生干部素质培养""我眼中的新医改""世博会引发的国人思考"等课题,组建了科学发展观大学生宣讲团,在校内外开展子渊讲堂,既提高学员的演讲水平,又将自身优秀的思想辐射到周边普通同学,实现"以思想引领思想"。

(6) 社会实践。每年组织学员深入农村、社区、企业等基层一线进行不少于两周的基层实践,加深学员对社会的了解,提高适应能力。如从 2008 年汶川地震后,学院每年暑期组织学员赴青川灾区开展半个月到一个月的支教服务活动;与杭州市新四军研究会联合开展新四军口述史编撰,达 15 万字,正式出版;与杭州市新四军研究会老干部一同"重走浙东战役之路";赴安徽六安挑战皖西大裂谷,走访金寨红色老区,白塔畈中心小学支教等,增强学员生存能力和社会责任感。

三、成果与经验

实施"青年马克思主义者培养工程"以来,充分发挥校院两级业余团校——新生班团支书初级班和学生团干部高级班、北辰计划——学生会、学生社团、青年志愿者等骨干培训班等的作用,培训大学生骨干近15000人次,今年一年就达5000人次。通过九期的坚持开展,促进了学生精英对"青马工程"的理解,学生精英之间、学生精英与导师之间互相关心、互相帮助,极大地推动了学员综合素质的提高、视野的开阔和人脉交际圈的提升。其中人才学院毕业学员大部分已进入政府机关、高校、中小学及大型国企等单位优质就业。

(1) 大学生骨干的综合素质显著提高。通过理论学习,进一步加深了对中国特色社会主义的理解,提高了学习贯彻科学发展观的坚定性和自觉性;进一步提高了人文素养和科学精神,激发了创造热情和创新意识,培养了实证思维和分析能力。通过实践锻炼和校外拓展,也进一步增强了对现实工作和社会环境的了解,提升了社会适应能力和社会竞争能力。

(2) 大学生骨干的组织认同感显著提高。子渊人才学院集中了全校的优秀学生骨干,九期共 300 余名学员中,85% 获得过优秀学生奖学金,95% 获得过三好学生、优秀学生干部等荣誉称号,所有学员都担任了校院两级学生组织的主要学生干部,68% 的学员获得过各类文艺、体育、学术竞赛、科技创新等校级及以上的奖项。学习型组织的平台让他们倍加珍惜现有学习、工作、生活环境，让他们在追求个人价值实现的同时，追求组织目标的实现，大学生骨干的组织认同感显著提高，越来越多的大学生骨干团结和凝聚在团组织的周围。

（3）大学生骨干的辐射效应显著提高。学员的个体优势转化为了人才学院的整体优势，在校内外形成了强烈的反响。他们勤勤恳恳、兢兢业业的工作态度，积极进取的求知意识、务实严谨的工作作风带动和影响了全校各级团学组织、班级等，进而辐射带动全校大部分青年学生综合素质的全面提升。此外，人才学院与杭州市援川指挥部合作，利用暑期推进杭州对口青川竹园镇灾区的教育教学水平的提高，得到了当地政府、老百姓和市援川指挥部的一致好评，《杭州日报》等多家媒体给予关注。人才学院与杭州市新四军研究会的合作，得到了市委党史办、新四军老干部的高度赞扬。团中央、团省委网站和青年时报等媒体都给予了关注和报道，产生积极而深远的影响。

（该项目荣获共青团杭州市委2010年创新创优十佳项目）

打造网络平台　转变工作机制
强化思想引领　增强服务粘性

——"团学工作网络新媒体战略转型"创新项目

根据团中央关于实施"学校共青团重点工作创新试点"工作的要求，杭州师范大学团委全面贯彻团中央"加强全媒体引导方式构建"精神，勇于探索，大胆实践，积极推进"全媒体"构建引导工作。我校作为全国试点单位之一，"团学工作网络新媒体战略转型"试点工作已取得阶段性成果。

一、做法与经验

"全媒体"的构建需要开展不同媒介间的交融以及媒体发布通道的多样性。杭州师范大学团委在继续发展已有媒体的基础上，着重探索和开发网络新媒体。"杭州师范大学团委"微信公众平台的建设，是此次"团学工作网络新媒体战略转型"试点的重点实施项目。该平台自2013年8月开通以来，在这3年多的时间里已逐渐成为团组织开展工作的新阵地，为增强我校共青团的活力和凝聚力发挥了重要作用。

1. 结合团学工作，加强思想引领

校团委开通官方微信公众平台，积极抢占舆论阵地，充分利用这一新兴的信息交流方式构筑团学工作新平台。在内容上密切结合团学工作，加强思想引领。例如在重大纪念日时策划专题推广，如"宪法日"时进行普法宣传，"国家公祭日"时进行网上悼念、为死难者献花等。在遇到重大政治问题时敢于发声，践行社会主义核心价值观、传递正能量。如在"香港占中事件"中积极进行正面报道，在流言面前不动摇，勇于还原事实真相。

2. 贴心服务学生，增强文化认同

为更好地服务我校学生，校团委微信公众平台的服务团队"师大小微"专门在全校范围内开展问卷调查，根据调查结果，切实改善平台现有的图文消息板块。在2014年秋季开学之际，特开设《一句话新闻》《校园活动预告》《新生特刊》等板块，加强与各学院团委宣传部的联系，积极鼓励学生投稿。在已有的图书馆馆藏查询、体测晨跑查询、天气查询、快递查询、公交查询、位置附近的餐馆和酒店查询等功能的基础上，开设"仓前地图""下沙地图""新生宝典""招新""公交"等关键词回复功能。不仅给同学们带来了诸多便利，也极大地丰富了同学们的生活。人性化的内容设置、紧跟校园热点的新闻模式让同学们可以更好、更快地了解校园，获取资讯，在关注校园动态的过程中也增强了对校园文化的认同感。

3. 线上线下互动，变革工作模式

微信平台通过线上发布信息，线下开展活动的方式，成为连通线上、线下工作的重要桥梁。先已开展的线上线下活动包括：

电子派票：校团委充分结合自己的校园活动资源，利用电子券无纸化、节约、环保的优点，定期面向全校同学派发一系列活动的电子门票，为广大同学带来信息化的便捷体验。包括第三届浙江省"校园好声音"大赛、我校大学生艺术团十年专场演出、"声随我动，谁与争锋"——杭州师范大学校园主持人大赛等深受大学生欢迎的文艺活动。

节目投票：微信公众平台利用线上投票涉及面广、更加公平公正、更能反映学生意愿的优势，对学校一些大型的演出和比赛试行网上公开投票活动。如在迎新晚会中，借助团委微信公众号，进行"杭师大'理想之夜'我最喜欢的迎新晚会节目评选"与现场观众进行互动。

平台抽奖：主要包括微信大屏幕抽奖、在线抽奖等方式。其中在线抽奖以刮刮乐和大转盘的形式为主，奖品为贴近学生生活的实用品。在回馈平台读者的同时也拉近了与同学间的距离，让越来越多的同学愿意为团委微信公众平台的发展献言献策。

以上微信功能的开发，打通了线上和线下，克服了彼此的局限，为开展团学工作提供了新的契机和新的工作思路，也将日渐影响团委的工作开展模式，进行创新发展。

4. 媒体优势互补，促进联动发展

微信平台的发展不是孤立的，为建设团学工作全覆盖、立体化"全媒体"，杭州师范大学团委还建立了相应的腾讯官方微博，实现了"一网两微"，即共青团杭州师范大学委员会网站、杭州师范大学团委微信公众平台、杭州师范大学团委腾讯官方微博。三方平台对信息进行同步发布，以增强团员青年的针对性和使用的有效性，建设团学工作立体化"全媒体"。三个媒体平台各具特色、优势互补，在内容上相互贯通。微信平台上的团委要闻、通知公告等栏目与网站是直接链接的，方便老师、同学查阅的同时，也提高了网站的访问量和价值，带动了网站的发展建设。

5. 建设媒体队伍、强化技术开发

为保证信息的公信力，微信公众平台在新闻信息的选择上加强把关，微信团队对每日推送的信息预审达三次以上，确定准确无误后，方才统一发送，把具有主流价值、时效性强的新闻推送给大家。在队伍建设上，分工明确，积极培养，目前下设采编部负责策划、撰写，联络部负责审理学院及学生组织稿件、媒体部负责"一网两微"的同步推送。在这支主要由学生组成的年轻而又不失严谨的队伍的努力下，校团委媒体发展不断走向成熟。

此外，微信平台团队下还专门设有技术部，负责后台功能开发，包括使用xml、php技术设置关键字自动回复，使用html，php，javascript语言和jquery编写微网站，并配合百度云数据库的使用来关注与订阅者的互动情况。

二、成果与成效

（1）影响力不断提升。微信平台实施以来，订阅人数已达2万余人，图文页阅读日均约5000次，自动回复发送次数日均约100次，最高阅读量目前为51154人次，订阅量最高增幅为1300余人/天。在南方周末2014年12月21日—12月27日中国高校微信排行榜中，"杭州师范大学团委"微信荣登第二；杭师大"印象师大｜匆匆那年，我与杭师的爱情故事"一文位列"最火文章"中第八名。

（2）深受师生喜爱。微信平台自上线以来，积极进行信息资源整合。目前，发布内容主要包括校团委通知公告、校级学生活动报道、学院基层动态以及学生会等学生组织工作情况。目前，校团委微信平台已逐渐成为学生活动中的"权威发布"，在校内新媒体建设中独树一帜，受到同学们的广泛拥护和喜爱。

（3）具有良好的社会声誉。微信平台以其及时准确的新闻资讯、丰富多彩的内容形式以及新颖独特运作模式，深受我校师生的喜爱和支持。已获得《青年时报》等媒体的专题报道；"腾讯浙江高校媒体合作创新奖"；"浙江省第二届校园歌手大赛组委会授予'最佳媒体支持奖'"；"杭州师范大学'十佳文明办网示范单位'"等多个奖项。

三、未来展望

试点项目实施以来，在团中央、团省委的支持和督促下，我校团委新媒体建设得到快速发展，取得了一些成绩。今后在以下三个方面进一步加强和深化。

1. 内容策划调研，深化板块开发

现代社会资讯传播量大也越发扁平化，校团委媒体平台的内容发布要不断进行调研和策划。没有调研，就把握不到学生工作的脉搏，无法及时掌握学生的所思所想。没有策划，在宣传上就会被动，无法第一时间发出声音，及时占领舆论高地。所以下一步，我校团委将更加重视微信公众平台的管理、调研和策划工作，深化板块开发，在实际操作中不断完善，使之更适合微信平台的发展。

2. 变革宣传机制，打造全媒体队伍

队伍建设是校团委微信平台稳步发展的关键。我们不仅需要一支政治素质坚定、专业技能精湛、创新意识较强的核心宣传团队，还需要打通各条宣传线，建立一支全媒体宣传队伍。从校团委宣传部到学院团委宣传部，再到各班级宣传委员，乃至各寝室寝室长，要不断培养同学们的宣传意识和宣传能力，让"人人都是微记者"口号深入人心。下一步，学校将专门安排相关系统专题培训，开展思想政治理论指导和技能培训，加强新闻敏锐意识和信息应用能力，让新闻真正来源于学生生活。

3. 紧跟时代步伐，加强平台研发

我校团委微信公众平台，紧跟时代步伐，用先进的思想占领共青团微信文化阵地，弘扬先进的价值体系，充分运用共青团的优势，引领青年思想，服务青年成长。下一步，我们还将不断学习，继续推出有一定水准的媒体宣传平台，打造一款杭师大校园APP、共青团信息化管理系统和学生信息门户，推送新闻的同时开发一系列学生生活、学习所需的功能，例如一键WiFi、查绩点、查课表等等。我们将利用高水准文化产品对青年群体进行教育指导，培养主流价值观，引导青年学生树立社会主义理想信念，进一步推动我校团委新闻媒体的可持续发展。

推进团学工作网络新媒体战略转型，给我校共青团工作带来了机遇和挑战。我校在不断成长与创新、丰富和强化共青团工作的时代内涵，探索依托网站、微博、微信、移动互联网等不同技术和应用形态，构建学校共青团网络新媒体工作阵地，努力打造一个立体、精准、快速的"全媒体"时代，真正做到引领青年思想，为青年成长成才服务。

（该项目列入2014年团中央学校共青团重点工作创新试点项目——团学工作网络新媒体战略转型项目）

弘扬爱国精神　争做青年先锋

——校国旗护卫队建设

杭州师范大学国旗护卫队是隶属于校团委的学生组织，肩负着我校爱国主义教育的重任。杭州师范大学国旗班成立于 2006 年 9 月，因组织的扩大，2011 年 9 月正式更名为杭州师范大学国旗护卫队。创立至今，国旗护卫队共培养优秀队员 200 余人，参加五四升旗、重大节日、仪式升旗等各类大型活动数次，担负每年校运动会升旗任务，与此同时还担负着学校日常升降旗工作，是师大师生陶冶爱国主义情操、培养爱国主义情感的先锋队，已成为师大校园一道靓丽的风景线。

在师大的校园里，国旗护卫队是实行半军事化管理的特殊学生组织，以不同于其他组织的高度的纪律性和自我管理能力而出彩，是校七大校级组织之一。我们始终坚持不断地以高标准、严要求规范自己的行为动作。在每周三、周日的常规训练中，国旗台前，田径场上还有地下车库，我们坚持训练，只为用更强健的体魄和更坚毅的精神去真切地护卫国旗。

今天，加入国旗护卫队这一光荣的团体，已经成为无数在校学生的向往，每年的新队员招募工作都会在校园里掀起踊跃报名的热潮，回顾这十年来国旗护卫队走过的道路，我们认为其吸引力和影响力是与护卫队平时踏踏实实卓有成效的工作是分不开的。

一、意义

作为新时代的青年，我们要有我们自己的理念与想法，爱国更是重要，作为国旗护卫队，守卫着国旗，更应当践行并且宣传爱国主义。在现在这个物质富裕，人民生活条件大大改善的时代中，宣传爱国主义精神，使热爱国旗的行为，让更多人知道，让人们勿忘历史，回首往昔的苦难，珍惜当下的幸福生活，牢记革命先烈流的血，热爱国旗，热爱祖国，在校园中，在社会上产生积极的影响，让更多的人加入热爱国旗的行动中来，也使我们践行爱国精神，做时代的先锋，激发人们的爱国情。

二、建设目标与思路

目标是使校园里更多的师生加入到热爱国旗的行动中，让爱国、爱国旗的行动深入人心，激发人们心中的爱国情，将"爱国主义宣传者"的形象打造成师大的名片。

思路是通过我们每天的升旗仪式，以及重大节日和活动的升旗仪式，让更多的同学了解到我们的存在，让师大学子进一步了解到还有人守卫着、热爱着这面国旗，用我们自己的行动去影响他们，让他们也加入到热爱国旗、理性爱国的队伍当中来。

三、实施方法与过程

1. 弘扬爱国主义精神，争做宣传爱国主义的先锋战士

"在国旗下抛洒热情汗水，在青春里铸就精彩人生"。自国旗护卫队组建以来，队员们以"在国旗下抛洒热情汗水，在青春里铸就精彩人生"为队训，在训练中严格要求自己。他们不畏严寒，不惧酷暑，哪怕受了伤，带着病痛，也认真地坚持完成任务。在活动中，他们积极主动地深入到自己职责所涉及的各个领域，不计得失，勇于奉献，义无反顾地承担起自己的责任，在全校师生和周围的兄弟院校中得到了强烈的反响，取得了很好的效果。

首先，国旗护卫队严格认真地完成了下沙、仓前两校区的日常升降旗任务。严格遵守《国旗法》，在周一至周六早晨7：00整，迎着东方的晨曦，升旗仪式准时开始。在周一我们安排着军装大型升旗仪式，在周二至周六安排三人升旗的小型日常升旗仪式。确保在天气允许的情况下，五星红旗都能飘扬在师大上空。英姿飒爽的国旗护卫队队员、高高飘扬的五星红旗、朝气蓬勃的师大学子，是每周一清晨师大校园里最昂扬的画面。

其次，国旗护卫队出色地完成了一系列重大仪式的升旗任务。新生军训师的检阅、百年校庆、建国六十周年、校园马拉松开幕式、杭师大运动会、钱江学院运动会等我校的重大活动和仪式上，都能看到国旗护卫队队员矫健的身姿。这充分展示了师大学子的精神面貌，为活动增添了浓厚的仪式感，使师大学子切身感受到爱国行动就在身边。

此外，国旗护卫队还在一些重大节日或者纪念日举行升旗仪式。清明节、每年的五四青年节、"一二·九"运动纪念日等，国旗护卫队都举行升旗仪式，伴随着义勇军进行曲，五星红旗缓缓上升，进一步提高了当代大学生的时代参与感与责任感。

2. 完善各项建制，打造高素质的学生团队

国旗护卫队建队已经十年，科学的组织管理，健全完善的内部机制，是国旗护卫队工作长久、圆满、有效地贯彻实施的保证。作为我校唯一一个半军事化管理的组织，我们采取了双管齐下的措施，一方面抓好内部的组织建设，制定完善的章程和文件；另一方面抓好队员的培养与教育。

在护卫队的内部组织建设上，我们首先健全护卫队的组织机构，由于校区的原因，在下沙、仓前均设置副队长以及活动部、外宣部部长、办公室主任，由队长统一管辖下一级干部，在组织建设及管理上借鉴部队，实行半军事化管理。另一方面，我们初步拟定了《杭州师范大学国旗护卫队章程》草案，制定了训练制度、服装管理办法等一系列的规章制度，使国旗护卫队的工作向着正规化、科学化、程序化的方向迈出了坚实的一步。在队伍的资源配置上，我们有统一的服装，配模型枪有24把95式，4把56式，指挥刀一把。

3. 展现先锋青年风采，国旗护卫队队员在实践活动中领悟"责任"与"使命"

我校国旗护卫队的另一特色是社会实践活动。2014年7月12日—7月28日，杭州师范大学国旗护卫队联合校红十字会学生分会赴东阳春蕾小学白云分校进行了为期14天的暑期支教活动，并在该校建立了一支护旗小分队，真切地将爱国主义的精神普及到祖国的花朵心中。

2014年12月，我校国旗护卫队成员赴月雅河小学举行升旗仪式，并自发去小学进行爱国主义宣传教育活动，在课堂上为学生讲解有关国旗的知识，获得

了师生的一致好评。通过这些实践活动，一方面扩大了国旗护卫队的影响，使同学们更加深刻地认识到当代的大学生，都应该勇敢地承担起时代赋予我们的责任和使命；另一方面也传播弘扬了以爱国主义为核心的伟大的民族精神。

四、经验与思考

事实证明，校国旗护卫队的实际行动是充分激发学生心中的爱国热情的最直接的方式之一。而近年来在宣传上的不断努力，也使以爱国主义为核心的时代精神得到一定的传播与弘扬。在践行过程中，我们有如下的一些经验与体会：

（1）我校学生的思想政治状况是积极、健康、向上的。他们热爱祖国，热爱党，热爱社会主义，追求上进，具有远大的理想。这是我们开展工作并取得突出成绩，从而带动更广泛的同学参与进来的基础和保障。

（2）开展爱国主义教育要大处着眼，小处着手。我们不但要高举爱国主义、民族精神教育的伟大旗帜进行宣传动员，我们更要充分利用有利形势，通过主动出击，更新形式，找到更好的宣传方式等，从小事做起，从细节做起，从身边的人做起，开展爱国主义教育活动。国旗护卫队的组建和建设就是从小处着手，更新教育形式，以典型带动普遍，引领校风学风建设的一个典型例子。另外，在校国旗队的建设中，也贯彻了眼在前方、心在脚下的踏踏实实肯干精神。我们从发挥国旗护卫队的教育能力着眼，从护卫队内部建设的每一件小事着手，来开展工作。在队伍里，我们小到对每位队员的着装和站立的姿势都有明确的动作要求，并加以严格的实施和监督，通过这些小的方面的建设，树立起了护卫队队员在同学心目中的形象，极大地维护了护卫队的尊严与荣誉，使国旗护卫队作为国旗乃至国家的象征都在同学们心中留下了庄严神圣的印象，从而围绕"国旗护卫队"开展的爱国主义教育活动对广大同学更具有吸引力

（3）爱国主义教育要与重大节日、纪念活动相结合。如结合元旦，清明、"五·四"等重要的日子，通过升旗、参观学习革命烈士纪念馆、参观军区等途径，对学生进行革命传统、"五·四精神"、爱党、爱国、国防等方面的教育，并使每个重大的节日、纪念日都能鲜明地体现爱国主义教育主题。

（4）加强队伍自身建设。加强国旗护卫队自身建设在整个护卫队职能的发挥上起着决定性作用。自建队以来，国旗护卫队就严格按照半军事化管理的要

求，高度重视自身的文化建设。着眼于提高国旗护卫队的工作水平和工作能力，使护卫队真正成为学校学生工作的一面旗帜；加强对国旗队队员的培养，增强护卫队队员的个人素质与修养；确立科学的严格的管理制度，保障护卫队工作严格有序健康长久地发展下去，成为我校的品牌、特色与传统。作为宣传爱国主义最生动有力的名片，我们将自身的半军事化管理的纪律性和严格的组织性认真贯彻实施到实际行动中，体现出师大学子以爱国主义为核心的时代精神和昂扬向上的生活姿态。我们将以宣传爱国主义为己任，持续开展以理性爱国为主线的活动，争当宣传爱国主义的先锋者。

让外来务工青年不再成为外人

——后勤服务集团职工书屋建设

杭州师范大学后勤服务集团职工书屋建于 2007 年。经过几年的发展，目前拥有两个职工书屋主阵地，其中，下沙校区职工书屋目前拥有藏书 2000 余册，报刊 10 余份，可上网电脑 10 余台及系列电教设备。仓前校区职工书屋目前拥有藏书 2000 余册，报刊 10 余份，可上网电脑 10 余台及一系列电教设备。职工书屋已经变成了文化资源，建起了文化沙龙、职工业余学校、文体俱乐部等，推进了职工书屋在创建载体、创建内容、创建形式不断向深度和广度延伸。

一、职工书屋与生产实践相结合

（1）成为技术提升的平台。充分利用职工业余学校这一阵地，把读书活动与技术培训相结合。据不完全统计，每年通过这一平台参与培训的员工达到 3000 人次，职工书屋变成了后勤青年职工学知识、长才干、出人才的阵地和摇篮。从一线岗位走出了一批获得全国各类技能比武大奖的青年员工。

（2）成为工作创新的"孵化器"。青年职工根据在服务管理中遇到的难题，主动到职工书屋查阅资料、研究问题，提出合理化建议，并进行难点攻关。如为了解决学生随身物品经常掉进厕所的老问题，研制了"厕所便捷拾物装置"，上了中央电视台《我爱小发明》栏目。为了创新学校高端人才的后勤服务保障方式，推出了"高端人才服务团队"，培育出了 20 余个"金牌服务团队"，社会效益凸显。

二、职工书屋与青年员工文化生活相结合

发挥文化即生产力的作用，重点抓好以下两项活动：

（1）开展了读书系列活动。现在每年，都依托职工书屋，举办读书征文活动、演讲、撰写读书心得等，激励外来务工青年多读书、读好书，养成良好的读书习惯，培养自我提高的学习热情。职工书屋文化沙龙的作用也得到了延伸，深受青年员工欢迎，成效明显。如2009年参加由省总工会、省文化厅联合举办的"人民书店杯"全省职工读书活动征文大赛，1位同志获得二等奖，11位同志获得优秀奖。先后编印2本职工读书心得，较好地巩固了职工读书成果。

（2）组建职工艺术团，用"草根精神"打造文化品牌。每年至少举办一场自编自导自演的草根大戏，许多节目曾入选杭州市首届网络春晚，多次作为特邀节目参演学生毕业晚会等，在杭州师范大学内部刮起了一股"最炫艺术风"。

三、职工书屋与关爱员工相结合

（1）关心员工生活。设立帮困基金。每年都有20名左右的后勤员工因为各种困难受到救助；充分发挥学校现有资源，与医学院师生联合，至今已成功举办八届"走进后勤，为服务者服务"的义务体检活动；关注员工心理健康，在浙江省高校中首家设立专门服务后勤员工的心理访谈室和心理疏导室。

（2）关心员工子女。在省内高校中第一家推出针对后勤员工的"关注留守小候鸟"活动，到目前已举办九届。内容主要涉及爱国主义教育、普法、心理健康辅导和兴趣培养等。共有180余名年龄在16周岁以下的员工子女参与过该项活动；与大学生常年开展合作，免费为员工子女提供家教服务。

四、项目实施以来取得的成效

实施职工书屋建设以来，既赢得了"金杯"，也获得了"口碑"。

（1）人心更稳。外来务工青年不再是"外人"，找到了归属感。近几年来，员工尤其是青年员工离职率逐年下降，为构建和谐校园，打造优质服务，增进教职工身心健康和职业幸福感奠定了坚实的基础。书屋成立以来，先后有两名外来务工人员分别当选杭州市党代会代表和杭州市团代会代表。

（2）人心更齐。在职工书屋这个平台的助力下，杭州师范大学后勤服务集团这支特殊的教职工队伍在出色完成本职工作的同时，走出了许多"明星员工"，用自己的"微力量"感动着社会，回报着社会。这其中有捡到万元现金第一时间上交的拾金不昧之星；有获得全校师生高度认可的微笑服务之星和最美青工；有因自身罕见的熊猫血而积极参加浙江省血液中心熊猫队的青年员工刘元，多年来无偿献血，累计献血量达到6000毫升，获得浙江省血液中心献血贡献奖、2014年浙江省三育人先进个人、2015年度杭州市"最美公益人"等殊荣；更有为青年员工树立榜样的用自己扛20000斤水攒下钱设立"千元助学金"的扛水大伯李培义和有50余名大学生自发写联名表扬信的宿管大叔等等，新华社、杭州电视台、钱江晚报等全国数十家媒体都做了相关报道。